面会交流と共同親権

当事者の声と海外の法制度

熊上 崇／岡村晴美 編著

小川富之／石堂典秀／山田嘉則 著

明石書店

はじめに

本書は、離婚・別居後の、子どもと別居親の面会交流について、「裁判所決定（court order）の面会交流は、子どもの心身にとって有益か」という視点に対する、当事者（同居親、子ども）の声およびこれらのケースに精通する弁護士、家族法法学者、精神科医の解説から成るものです。

面会交流を論じる際に、留意すべき点があります。それは「自主的に行われる面会交流」と、子どもへの強制力を伴う「裁判所決定による面会交流」を区別することです。

別居・離婚後も子どもと別居親が、子どものペースや意思を尊重し連絡を取り合う自主的な面会交流ができれば、子どもにとって、両親から関心を持たれ、愛されている、という感情を抱くことができるでしょう。

しかし、裁判所の決定による面会交流は、調停や審判には判決と同じ効力があり、履行しないと、強制執行や間接執行が行われることもあり、子どもが行きたくない時や心身の不調の時でも、面会交流を履行しなければ、同居親に間接強制金の支払いなどが課されることがあります。

この「裁判所決定による面会交流」は、一般の市民の方々はもとより、家族法や臨床心理学の研究者にも想像しづらいようです。確かに、離婚訴訟を除き、離婚や面会交流に関する家庭裁判所の調停や審判は非公開です。そのため、「裁判所決定による面会交流」も「自主的に行われる面会交流」の延長で、子どもの成長のために必要だと思われるのかもしれません。

しかしながら、家庭裁判所で面会交流が話し合われるのは、当事者間で協議ができなかったケースです（民法766条２項）。

最高裁判所の「司法統計年報　３家事編」（2021）によると、家庭裁判所の面会交流調停の新受件数は14,127件でありここ数年増加傾向にあります。

「司法統計年報　３家事編」（2021）によると、婚姻関係事件60,542件（うち妻からの申立ては44,040件）の、妻側の申立て理由（複数回答可）のうち、精神的DVは25.1％、身体的DVは20.5％と、DVが主張される事件が一定割合見られます。

家庭裁判所の調停に至るケースは、当事者間で顔を合わせて話し合ったりメールや電話でのコミュニケーションを一方が拒否したりして、双方の言い分が大きく隔たることが多くお互いに不信感が大きく、協議が困難な状態です。

そして、面会交流についてはDVの有無での争いや、子どもが別居親に会いたくないと面会交流を拒否する事例では、双方の主張の隔たりが大きく、家庭裁判所では、解決に非常に苦労しています。こうした事例で、調停や審判により家庭裁判所の決定がなされると、それは判決と同じ効力を持ち、子どもへの強制力が生じてきます。強制力を伴う面会交流が子どもにとってプラスなのか、マイナスなのかを考えることが重要です。

面会交流は子どもにとって有益であるとする研究者は、米国のウォーラースタイン博士の離婚家庭の子どもを25年間追跡した研究（Wallerstein, Lewis, & Blakeslee 2000, 邦訳：早野, 2001）を引用しています。確かに、ウォーラースタイン博士は、子どもに別居親（多くは父親）が面会交流に来ないことで、子どもが別居親から見捨てられた、愛されていないと感じ、自暴自棄になって非行など思春期の逸脱に至る例を描いています。このような事例から、面会交流は子どもにとって必要だとの引用がしばしばなされますが、ウォーラースタイン博士は、「裁判所命令による面会交流」については、「裁判所の命令の下、厳密なスケジュールに従って親を訪ねていた子どもたちは、大人になってから親のことを嫌い、彼らは成長後に、無理矢理訪ねさせられていた親を拒絶する」と論じています（Wallerstein, Lewis, & Blakeslee 2000, 邦訳：早野, 2001、p.282）。

このように、面会交流を裁判所命令によって強制される子どもについて、大人になってからかえって別居親との関係が疎遠になることや、第1章に詳述するように、子ども時代や思春期に、面会交流の強制によって、友人関係をあきらめたり、つらい思いをしたりする姿が描かれているのです。

このウォーラースタインらの指摘を、家庭裁判所関係者はどのように受けとめるべきでしょうか。

この面会交流の問題については、子どもの意思を尊重する、子どもの心身の状況に配慮する、子どもの安全を確保する、という、子ども中心の視点が何より必要です。

近年発行されたイギリス司法省報告（UK Ministry of Justice, 2020a）およびイギリス司法省文献レビュー（UK Ministry of Justice, 2020b）においても、裁判所命令による面会交流を経験した子どもの心理や、面会交流中に子どもが殺害された事例の報告から、子どもの意見を尊重することや、子どもの心身の安全を第一に考えるような家庭裁判所の運用が求められています。

本書では、面会交流について多角的に考えていきます。第１章では面会交流の実情を論じ、第２章では海外（オーストラリア・イギリス等）の法制度という観点から面会交流について考えます。第３章では、面会交流事例を多く扱う弁護士からの報告と論説です。第４章では面会交流に臨む同居親へのアンケート結果、第５章では同居親の体験談、第６章では面会交流に臨む子どもたちへの調査結果や体験談をふまえて考察します。第７章では、面会交流に直面する子どもたちの精神状態に関する精神科医の見解を紹介します。特に第４、５、６章では、家庭裁判所の面会交流で苦労する声を上げにくい子どもや同居親の声が含まれています。

この本を編集したのは、筆者が19年間所属した家庭裁判所の調査官、裁判官、調停委員の皆さん、さらには、面会交流事件に関わる弁護士や、児童福祉の関係者、子どもの心のケアや離婚問題に携わる心理職の皆さん、子どもの面会交流問題に悩む当事者の方々に、子どもや同居親の声、海外の実情を知って欲しいと思ったからです。

決して家庭裁判所を非難するためではありません。家庭裁判所も、多くの困難事件を抱えて、どうすれば事件を解決できるか奮闘しています。しかし、ケースの解決は、子どもの意に反して強いることではなく、子どもの幸せのために、子どもの意思が尊重され、子どもの安心が保障されるように行われなければなりません。

家庭裁判所は、子どもの立場に立ち、子どもの心身の成長を守る職員の集まりだと信じています。

この本は、当事者（「あんしん・あんぜんに暮らしたい親子の会」の皆さん）と、実務家、研究者との協働と学習、対話から生まれました。

ぜひ、本書を読み解き、子どもたち、そして子どもを育てる同居親の声に耳を傾け、子どもの意思を尊重する社会になることを願っています。

2022年７月

編著者を代表して　熊上　崇

注

米国、英国、オーストラリア等では、「裁判所命令」(court order) による法的強制力のある面会交流なのですが、日本の家庭裁判所の場合、裁判所命令である「審判」「判決」だけでなく、「調停での合意」も法的強制力を持ちます (確定判決と同じ効果)。ただ、「合意」を「裁判所命令」と記載するのは適当ではないと考え、本書では、日本の場合は「裁判所の決定」、海外の場合を「裁判所命令」として記載しています。

文献

最高裁判所事務総局 (2021)「令和３年 司法統計年報 ３家事編」

UK Ministry of juntice. (2020a) Assessing risk of harm to children and parents in private law children cases, https://www.gov.uk/government/consultations/assessing-risk-of-harm-to-children-and-parents-in-private-law-children-cases

UK Ministry of juntice (2020b) Domestic abuse and private law children cases, A literature review. https://assets.publishing.service.gov.uk/government/uploads/system/uploads/attachment_data/file/895175/domestic-abuse-private-law-children-cases-literature-review.pdf

Wallerstein, J.S., Lewis, J.M., & Blakeslee, S. (2000) *The Unexpected Legacy of Divorce: A 25 Year Landmark Study*. New York: Hyperion Books. (ウォラースタイン, J. S.・ルイス, J. M.・ブラッスリーS. (著) 早野依子 (訳) (2001)『それでも僕らは生きていく――離婚・親の愛を失った25年間の軌跡」PHP研究所)

目　次

2　オーストラリアの家族法、面会交流などの制度、実情

石堂 典秀

第3章　親権、面会交流に関する家裁実務からみえること

岡村 晴美

第4章　家庭裁判所で面会交流の調停を利用した同居親へのアンケート調査結果

熊上　崇

第5章　家庭裁判所の面会交流調停を経験した同居親の体験談

第6章 面会交流に関する子どもの声を聴く

子どもへのアンケート調査結果と体験談

熊上 崇

第7章 子どもたちの声を聴く面会交流にむけて

山田 嘉則

終章 子どもを守る面会交流へ

熊上 崇

第１章

面会交流の諸問題ならびに関する国内外の研究動向

熊上　崇

1　面会交流の諸問題

父母の別居・離婚後に、子どもが別居親と面会交流をすることについて、多くの議論がなされています。別居・離婚後に、父母がそれぞれ協力し、子どもの意思やペースを尊重すれば、子どもは両親から愛されている、関心を持たれていると感じ、子どもの心身に良い影響があるでしょう。

一方で、婚姻中あるいは同居中に、父母のDVや虐待があるケースであったり、家庭裁判所の調停・審判において、DVや子の虐待の有無で争いがあるケースでは、父母が協力することが困難な場合があり、子どもが面会交流の前後に体調を崩したり、精神的に不安定になったり、赤ちゃん返りのような退行を示すこともある報告されています（第７章参照）。

また、日本では、2017年に兵庫県伊丹市で、家庭裁判所の面会交流の調停中に、別居親（父親）が４歳の子どもを殺害し、自らも自殺した事例がありました。このように面会交流中に子どもが犠牲となる事例は、オーストラリア、イギリスなど海外でも数多く起きています（第２章参照）。

本章は、面会交流に関する国内外の研究や動向を紹介し、子どもの心身の安全、成長を守るための面会交流の在り方について考えていきます。

⑴　面会交流とは

家庭裁判所の面会交流事件の手続きについて説明します。

民法766条は、「１項　父母が協議上の離婚をするときは、子の監護をすべき者、父又は母と子との面会及びその他の交流、子の監護に要する費用の分担その他の子の監護について必要な事項は、その協議で定める。この場合においては、子の利益を最も優先して考慮しなければならない。

２項　前項の協議が調わないとき、又は協議をすることができないときは、家庭裁判所が、同項の事項を定める。」としています。

この条文では、まず協議離婚の際に、父母双方で監護者や面会交流、養育費等の費用分担で協議することが明示されており、その際に「子の利益を最も優先して考慮しなければならない」となっています。つまり、面会交流は、子どものための取り決めです。

ただし、子どもが別居親に会いたいと望んでも、別居親が会いたくない場合や連絡が取れない場合に、家庭裁判所が面会交流をするように別居親に命じることはありません。なぜならば会う意思のない人に強制することは現実的にできないからです。

家庭裁判所の調停が行われるのは、別居親が会いたいと望み、同居親が反対もしくは条件で一致しない事例です。そして、家庭裁判所のケースはDVや虐待（これらを総称してDA：domestic abuseと呼ぶ。以下、DVや子への虐待を総称して「DA」と記載する）が主張されるケースが多いために、協議や合意形成が難しいケースである、ということを念頭においておく必要があります。

(2)　家庭裁判所の手続き

家庭裁判所に申立てられた面会交流等の事件は、最初に調停を行います（調停前置主義）。調停委員会は、裁判官と男女１名ずつの調停委員から成ります。ほとんどのケースでは、調停委員が、申立人、相手方から別々に、申立てに至る経緯、子の監護状況、双方の生活状況や、面会交流等に対する意見を聴取し、合意点を探ることになります。合意がなされれば、調停調書が作成され、これは判決と同じ効力があり、履行されない場合は、申立てにより直接あるいは間接的に強制的に履行させることができます。

調停で合意ができず、審判に移行して、裁判官が決定（審判）を出すこともあります。この審判も履行されなければ、直接的あるいは間接的に強制的に履行させることができます。間接的な強制とは、履行しなければ一定額の金銭を支払うように決めるものです（第２章参照）。

家庭裁判所で、「月２回、週末に別居親と面会交流をする」という調停や審判の決定が出されたら、基本的には、それを守らなければなりません。子どもの体調や意向によって双方が柔軟に対応できれば良いのですが、紛争性の高いケースでは、「なぜ来ないのか」「面会しないのは約束違反だ」と紛争が再燃することも多く、場合によっては、再調停が行われたり、上記の間接強制による金銭的な支払いが命じられたりするケースがあります。

このように、家庭裁判所で決める面会交流は、調停や審判で決まった場合は、法的な強制力が生じるのです。「裁判所命令による面会交流」と「自主的に行われる面会交流」は性質が異なり、家庭裁判所命令による面会交流は、子どもにとって法的な義務となります。

面会交流は、子どもの心身に、どのような影響を及ぼすのでしょう。それを知るためには、面会交流をしていた子どもを追跡調査し、その子どもがどのような心理状態にあったのかを知ることが必要となります。最も著名な研究が「はじめに」でも紹介した米国のウォーラースタイン博士の研究（Wallerstein, Lewis, & Blakeslee 2000, 邦訳：早野, 2001）では、親が離婚した子ども60組を、5、10、15、25年後にわたって追跡してインタビュー調査を行っています。

ウォーラースタインの研究（Wallerstein, Lewis, & Blakeslee 2000, 邦訳：早野, 2001）で、「別居親（多くは父親）が面会交流がないケース」と「裁判所命令により、スケジュール通りに面会交流するケース」の両方を取り上げています。

「面会交流がないケース」では、子どもは、別居親から見捨てられたと思い、思春期以降に、非行や生活の乱れが生じているケースが多く描かれています。これは、日本でも家庭裁判所での少年事件でも多く見られるケースで、別居親が離婚後に音沙汰がなく、養育費も送金されない場合、子どもの自尊心が低下し、自らを傷つける行動、あるいは家で暴れたり、学習不振や問題行動が多発し、思春期早期からの性的行動なども見られます。子どもたちは「なぜ、父（母）は会いに来ないのか」と思い悩み、子どもは自分が悪い子だったからではないかと自分を責めたり、同居親（多くは母親）を責めたりします。同居親である母親も、養育費もなく一人で昼夜働きながら子育てに追われ、余裕を持って子どもに接することができず、結果的に母子関係も悪化することもあります。
家庭裁判所の少年事件では、鑑別所に入った少年に、親が数年ぶりに会いに来て、見捨てられていなかったと子どもが安心するケースもあります。

このようなケースを見ると「やっぱり、面会交流は必要だ」と思う方もいるでしょう。

一方で、ウォーラースタインは、「裁判所の命令によりスケジュール通りに面会していたケース」も紹介しています。裁判所命令なので、子どもの意思に関わりなく、スケジュールに従い、別居親のもとに行かなければならない、という子どもの心理を以下のように描いています（Wallerstein, Lewis, & Blakeslee 2000, 邦訳：早野, 2001, pp.273-275）。

14歳の誕生日に私（ウォーラースタイン博士）と面談した彼女は切羽詰まった様子でこう尋ねてきた。

「いくつになったら、父さんとの面会を拒絶できるの？」

「私は、父さんの家ではよそ者って気がするの。友達も居ないし、何もすることがないんですもの」。ウォーラースタイン博士が「じゃあ、どうして行くの？」と尋ねると「だって行かなくちゃいけないんだもの、バカな判事がそう言ったのよ、月に２回と、７月は丸１ヶ月よ」。ウォーラースタイン博士が「お父様はあなたに会いたがっているの？」と尋ねると「父さんは私を愛していないのよ。愛しているなら相手を尊重するはずだわ。父さんは一度だって、私が面会に来たいか、私が何をしたいか聞いたことがないわ。私が行かないことを絶対に許してくれないの」「夏が近づくと、友達は皆ワクワクしているの。私はうんざりよ、７月なんか大嫌い、最悪だわ。去年の７月は、ずーっと泣き通しで、なんでこんな罰を受けるんだろうって考えたわ。私がどんな罪を犯したっていうの？　私は寂しくて、友達に会いたくてたまらなかった。ポーラ（筆者注：妹）と私は毎晩泣きながら寝たわ」

「パパの家は大嫌いだったわ。月に２回の週末を別の親のところで過ごすなんて、子どものためにはよくないと思う。すごく負担だもの。子どもっていうのは、自分が何者なのかを発見して、友達を作ろうとしているの」「私の友達はいつのまにか、私が家に居る週末にすら誘ってくれなくなったわ」

以上のような、子どもの声を踏まえて、ウォーラースタイン博士は「私の研究では、裁判所の命令の下、厳密なスケジュールに従って親を訪ねていた子どもたちは、大人になってから一人残らず、親のことを嫌っていた。大半は、訪ねることを義務づけられていた親の方に腹を立てていた。彼らは皆大きくなると、無理矢理訪ねさせられていた親を拒絶した」と記載しています。

そのうえで、ウォーラースタイン博士は以下のように述べます。

なぜ法制度は、子どもが自分の生活を決める計画に参加する権利を持つべきだという事実を把握していないのだろう。(Wallerstein, Lewis, & Blakeslee 2000, 邦訳：早野, 2001, p.282)

ウォーラースタイン博士は、「裁判所命令によるスケジュール通りの面会交流」は子どもにとってつらい経験であり、別居後の親子関係はかえって悪化することもあると指摘しています。実際に、ウォーラースタイン博士と国際学会で話した小川富之教授（第2章参照）によると、ウォーラースタイン博士は「裁判所命令による面会交流は子どもの心身に取り返しのつかない有害さがある」と話していたとのことです。

このように、面会交流を議論する際には「自主的に行われる面会交流」と「裁判所命令による面会交流」を区別して行うことが必要です。

「自主的に行われる面会交流」であれば、子どもにとって両親から関心を持たれていると感じ、有益でしょうが、父母だけでは話し合いができず、家庭裁判所の決定（命令）により面会交流が行われるケースでは、子どもにとっては、自分の休みの過ごし方や友達関係よりも、別居親との面会交流を優先させなければならず、もし面会交流に応じなければ、同居親が間接強制により金銭を支払わなければならなくなる可能性も出てきます。子どもにとって、裁判所決定による面会交流は過酷な場合があるのです。

しかしながら、面会交流に関する書籍や多くの論文では、ウォーラースタイン博士の研究を引用して「面会交流は子どもにとって有用」としてきました（例えば棚瀬, 2010；小田切・町田編著, 2020；片岡・萱間・馬場, 2018)。しかし、これは正確ではありません。ウォーラースタイン博士は、強制力の伴う面会交流について、子どもにとって有害であると述べていることは忘れてはなりません。

⑶ 面会交流中の国内外の事件

また、国内外の家庭裁判所の面会交流のケースでは、子どもが犠牲になることもあります。

日本では2017年４月に兵庫県で、面会交流中の父親が４歳の娘を殺した後で自殺した面会交流無理心中事件が起きました。

2017年５月23日の毎日新聞の記事によると、父母は2010年２月に結婚し、母親が家事育児を担っていましたが、父親は生活費を月２万円しか渡さず借金を繰り返し、感情の起伏も激しく、夜通しの説教や家具を壊すといった暴力が続き、2016年11月に父親が突然離婚届を提出、その後、母親が神戸家庭裁判所伊丹支部に養育費の調停を申立てて、そこで面会交流についても話し合っていました。

父親の求めに応じて2016年11月から月１回、父子２人で面会しました。その後に父親が面会交流の頻度を増やすように要求しましたが、合意ができずに家裁の審判となり、事件当日は審判後はじめての面会でした。

このように、高葛藤・高紛争でDA等があるケースでの面会交流は、元配偶者への感情的軋轢が高まり、面会交流中の無理心中事件や、子どもを殺害する事件が国内外でしばしば報告されています。

イギリスの当事者団体であるWomen's Aid（2016）は、2004年から継続的に、面会交流中に子どもが殺害されるケースを分析しています。2004年には13家族29人の子どもが殺害されたケースを報告し、さらに2016年に19人の子どもが別居親（父親）に殺害されたケースを報告しています。

この報告によると、これらの事件の多くは、宿泊での面会交流中に発生していること、家庭裁判所でDAが認識されていても「子どもへの重大な危害のおそれ」とは見なされていませんでした。

また、５つのケースでは、父が子どもを殺害した動機は、元パートナー（多くは母親）への復讐のためでした。

家庭裁判所の手続きの問題点としては、「子の意見聴取」が行われていなかったことと、DAに関するアセスメントの不備が指摘されています。実際に、これらのケースで、警察がDA加害者として把握していたケースが11人でした。

以上より、Women's Aid（2016）は、子どもが面会交流中に殺害されたケースでは、家庭裁判所の責任もあるとし、家庭裁判所の専門家は子の保護を優先すべきとしています。しかし実際には、家庭裁判所に「プロ・コンタクト・カルチャー（いわゆる、原則面会交流論）」が浸透し、家庭裁判所が面会交流を子どもの福祉と考えて、重度のDAのケースでも面会交流を決定したために事件が起きていました。また、これらのケースには、子どもだけでなく、同居親（母親）が殺害されたケースも2件、父親が自殺したケースが7件ありました。

また、6家族は、家庭裁判所の決定による面会交流でしたが、DA加害親が家庭裁判所やケースワーカーに良い父親であることをアピールし、監視なし面会交流となったことが事件につながったと指摘しています。

これらのことから、Women's Aid（2016）は、家庭裁判所は、別居後も面会交流での危害がないように考慮すべきであると提言しています。

イギリスでは、本報告がなされた後、面会交流で子どもが犠牲となることを防ぐ、「Child Firstキャンペーン」が行われ、家庭裁判所の実務指針PD12Jの改定により、DAの定義を拡大し、身体的DAだけでなく、性的、精神的なDAも含むこととなりました。

他の国も見てみましょう。

アメリカのカリフォルニア州では2017年に5歳の男児が実父との面会交流中に殺害されています。両親は家庭裁判所の裁判中でした。母親は、裁判所に対して「子どもが父親を怖がっている」と訴えましたが、裁判所は面会交流の延長を認めていました。この事件も踏まえて、2020年には、カリフォルニア州で、親権、監護権、訪問権の決定の際に、精神的DVも考慮するようDV防止法の改定が提案されました。

2018年8月にはフィラデルフィア州で、7歳の女児が実父に監視なしの週末監護の際に殺害され、父親は自殺しました。被害者の女児の遺体のそばには「家族への当然の報いだ」と記されたメモが残されていたとのことです。このケースでも両親は親権・監護権を巡って家庭裁判所で裁判中でした。父親は傷害や暴行などの前科があり、裁判所の心理評価では、うつ状態や自己愛性パーソナリティ障害などが指摘されていましたが、裁判所は監視なしの週末監護を決定していました。なお、父親から女児への身体的暴力はなかったものの、裁判所記録によると、女児は「父親が怖い」と家族に話していたとのことです。

カナダでは、2020年２月に４歳の女児が、実父と共に崖の下で死亡しているのが確認されました。父母は３年間にわたり共同監護について裁判所で裁判をしていて、父は母の口にネズミを押し込むなどのDAがありました。女児が１歳の時に、父が48時間ごとの交代監護を要求しました。母は恐怖を感じて面会交流への変更を求めましたが、裁判官は「子どもは危険な状態にあるとは信じがたい」と述べ、次回の裁判期日を指定しました。しかしその間に女児が殺害されました。

オーストラリアでは、2020年３月に母と子ども３人が乗った車に、元夫（父）がガソリンをまいて火をつけて全員を殺害し、その後父は自殺しました。このケースでは、母親は、元夫から長年精神的DVを受けており、母親の外出先にいつも現れたり、職場に何度も電話をかけて他に誰かいないか確認したり、ピンク色の服や丈の短い服を着ないように要求したり、毎晩性行為に応じないと数日不機嫌になったりしていました。本ケースでは面会交流が認められていました。共同監護については、母は、年間165日を提示しており、双方の弁護士もこれに同意するよう助言していましたが、父は50/50の日数の共同監護に固執して同意を拒否していました。

また、第２章の小川富之教授、石堂典秀教授の講演録に詳述されていますが、オーストラリアでは、2006年の法改正により、「フレンドリー・ペアレント・ルール」という、面会交流に協力的な親を監護権者とするルールが策定されたため、面会交流がほとんどのケースで行われました。その中で2009年にダーシーちゃん事件が起きました。これは当時４歳のダーシーちゃんが、別居親である父親に橋から落とされて死亡したケースで、父親は「動機は母親への復讐であった」と述べていました。ダーシーちゃん事件を機に、フレンドリー・ペアレント・ルールの見直しが行われ、2011年の法改正で、子どもの心身の安全を第一に考慮されるようになっています（第２章小川教授講演録を参照）。

こうしたDAのあるケースでは子どもはどのような心理状態になるか、東京大学看護学のKita博士ら（Kita et al., 2016）のグループによる研究を紹介します。この研究は、DVにさらされた子ども（４～18歳）について、対象者を別居親（父親）との面会交流あり群（19人）、なし群（30人）に分けて、不安、抑うつ、子どもの行動チェックリスト（CBCL）で、子どもの状態を比較しています。ちなみにCBCLは子どもの精神状態の評価で世界的に使われている質問紙であり、対象者の募集は東京のDV支援団体の協力を得ていました。

結果は、DV親との面会交流あり群は、面会交流なし群と比較すると、CBCLの各指標のうち「ひきこもり」「身体的症状」「不安・抑うつ」「思考の問題」などが統計的に有意に高かったのです。また、CBCLの「内向的問題（うつなど、心の内向での問題、非行などは外向的問題）」と合計得点が、面会交流あり群の方が有意に高く、臨床域（医療にかかるような心配なグループ）の割合も多かったのです。

そして、面会交流後の子どもの気分は、幸福（27%）、いつもと同じ（33%）、混乱（22%）、怒り（27%）、攻撃的（33%）でした。

この研究からDAのある父親と面会している子どもについて、医療を必要とされる臨床的問題は、多重ロジスティック回帰分析という統計解析によると子どもの内向的問題（不安・抑うつ・引きこもりなど）は12.6倍、総合的問題（非行、逸脱行動含む）が17.9倍高くなっていました（Kita et al., 2016）。結論として、DAケースでの面会交流では、子どもの精神保健や行動面に注意と支援が必要としています。

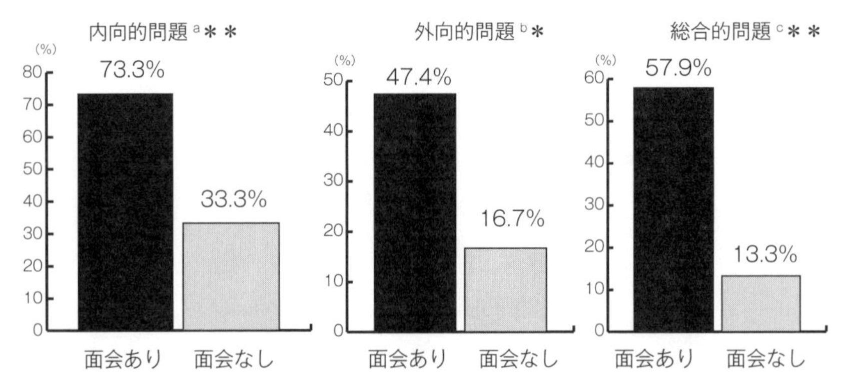

DA親と子どもの面会交流の有無による精神的問題の比較（Kita et al., 2016 を元に筆者作成）

⑷　離婚・離別後も続く配偶者間暴力（IPV）としての面会交流

Galántai ら（2019）の、ハンガリーでの研究では、配偶者間暴力（IPV：Intimale Partner Violence）の加害者が、別居後も IPV の維持・継続のために、法的手続きを利用するメカニズムを「カストディ・ストーカー」として紹介しており、面会交流が加害者の母子に対する支配の維持となり、子どもは虐待者が再び暴力を振るうのではないかという継続的な不安を抱えやすいと論じています。

この研究では、IPV のあった168ケースからインタビューに応じた母親30人への調査を行いました。母親らは、家庭裁判所で面会交流が決定すると、嫌がる子どもに「行ってくれ、行かなければならない」と言うこともありました。また、10年にわたり元配偶者からいつも裁判所に訴えられている母親は、経済的・心理的にダメージを負っていました。面会交流の調停で母親が面会交流に反対すると、「片親疎外」と見なされ、IPV が過小評価され、母親への非難が高まることがあります。これを「ジェンダー・レジーム」といいます。

虐待者の攻撃は、元パートナーだけでなく児童福祉センターなどの機関の職員にも及びます。そのため被害を受けた職員が他の部局や機関にケースを移送したり、虐待者による担当ワーカーへの苦情や報復が繰り返され、職員も消耗します。このような DA加害者による家庭裁判所や専門機関への職員への苦情等は日本でも多く見られる光景です。

⑸　面会交流における子の拒絶

面会交流について、家裁実務の指針の一つとなっていたのが、細矢・進藤・野田・宮崎（2012）らのいわゆる「2012年論文」です。

「2012年論文」は、面会交流調停の審理の基本方針について、「子の福祉の観点から面会交流を禁止・制限すべき事由（面会交流の実施がかえって子の福祉を害すると言える特段の事情）が認められない限り、具体的事案に即して、面会交流の円滑な実施に向けて審理・調整を進めることを基本方針とする。そのうえで、第１回調停では、面会交流を禁止・制限すべき事由の有無の検討（双方に裏付け資料を求める、調査官調査など）、禁止・制限すべき事由が認められない場合、面会交流の阻害要因（感情的対立・子の状況など）に応じて、面会交流の試行など、面会交流を円滑に実施するための環境整備をすすめる」と述べています（p.75）。

また、面会交流を制限・禁止すべき事由として、以下の４つを挙げています。

ア　非監護親の連れ去りのおそれ

イ　非監護親による子の虐待のおそれ

ウ　非監護親による監護親に対する暴力など（DV）

エ　子の拒絶（ただし、真意からの拒絶か、禁止・制限事由にならないこともあると記載）

と記載しています（p.77）。

ただし、ここで問題となるのが、４つの禁止・制限事由のうち、「子の拒絶」です。

子どもが「会いたくない」と話した場合でも、それは「子どもの真意なのか？」「同居親が言わせているのでは？」という争いが起きました。「子どもが会いたい」と言う場合は、「それは子どもの真意なのか？」という争いは起きません。「会いたくない」と子どもが言う場合について、それは同居親の影響や洗脳によるという、「片親疎外症候群」（Parental Alienation Syndrome、以下PASと記載）という主張がしばしばなされていました。

⑹　片親疎外症候群（PAS）の主張とは

日本だけでなく、海外でも、子どもが面会交流を拒否する際に、別居親から家庭裁判所の調停や、裁判においてPASの主張がなされていました。

しかし、PASについては、アメリカ心理学会（American Psychological Association：APA）やアメリカ法曹協会（American Bar Association：ABA）、イギリスの家庭裁判所助言機関（Children and Family Court Advisory and Support Service：Cafcass）などで根拠がないとして否定されています。

ジョージワシントン大学のメイヤーは、PASに関する文献レビューを著しています（Meier, 2016　邦訳は『子ども中心の面会交流』（梶村・長谷川編著, 高橋訳・監修, 2015）第４章）。同書は、多くの文献レビューをもとに、PASには実証的な根拠はなく、権威ある科学者や専門家から無効とされてきたと述べています。しかし、専門家の批判にかかわらず世間一般の支持が根強く、子ども福祉部門や子の監護の評価人によるPASのレッテル貼りの問題があること、PASはDVの否定とセットになっており、何よりもDVの評価が必要とまとめています。

コラム　片親疎外症候群：30年にわたるジャンク・サイエンス

（このコラムはABA（米国法曹協会，2015、Thomas & Richardson, 2015）を一部翻訳したものです。）

30年以上前に導入された概念にもかかわらず、片親疎外症候群（PAS、Parental Alienation（PA）やParental Alienation Disorder（PAD）とも呼ばれる）を裏付ける信頼できる科学的証拠はありません。この概念は科学分野では一般的に受け入れられておらず、PASに関する主張を裏付けるテストやデータ、実験も存在しない。このように科学的な信頼性がないため、科学、医学、法律など多くの機関がPASの使用や受け入れを拒否し続けています。

APAの「家族内暴力に関する大統領タスクフォース（APA, 1996）」は、「片親疎外症候群と呼ばれる現象を裏付けるデータは存在しない」と述べています。また全米少年・家庭裁判所裁判官評議会（NCJFCJ）も同様にPASには科学的根拠がないとし、証拠基準に基づいて「裁判所は片親疎外症候群（PAS）に関する証言を受け入れるべきではない」と裁判官に助言しています。「PASの存在を仮定した理論は科学界で信用されていませんでしたが『PAS』の『診断』（または「片親疎外」の主張）は、その科学的無効性とは別に、『疎外』されていると主張する親に対する子供の行動や態度が現実には何の根拠にもならないと仮定することを裁判所に求める不適切なものです」とも述べています。また、児童虐待や家庭内暴力の訴追に関係する法律団体である米国検察官研究所や全米地方検事協会もPASを却下しています。

PASは、精神科医が診断を下す際に使用する「精神疾患の診断・統計マニュアル（DSM-5）」に収録されることで、その正当性を主張する試みがなされています。このマニュアルを起草したタスクフォースの副委員長は、最新版へのPASの掲載を拒否するにあたり、「これは親子や親同士の関係性の問題であるし、人間関係の問題は、それ自体は精神障害ではありませんと述べています。

米国子ども虐待専門家学会（American Professional Society on the Abuse of Children：APSAC）は、「PASを裏付ける経験的データは非常に弱く、提案された診断基準は子どもの行動や発言に対する専門家の主観的な解釈に依存している」という理由で、PASを含めることに反対しました。

幅広い専門家がPASの概念を受け入れられないと考えており、推進派でさえも研究を開始するための合意された定義がないことを認めているにもかかわらず、少数派（PASの推進派）は、主に離婚分野で生計を立てている精神衛生の専門家や鑑定人で構成された法的分野でPASの使用をサポートするための十分な科学的根拠があると主張し続けています。しかしPASの「証拠」のほとんどは、臨床観察に基づいています。臨床観察には、現象を説明することができるという利点があります。しかし、それは観察された現象の原因を証明するものではありません。PASが個別の現象として、あるいは因果関係のある効果として存在することを立証するための再現性のある実験的証拠は得られていません。

また、子どもの監護の評価人が、疎外された子供とそうでない子供を見分けることができると主張しても、その結論を客観的に検証する方法はありません。また評価人が「診断」を下すために使用する情報のほとんどは、告発した親からのものです。実証的な研究によると、子どもが親を拒絶する場合、拒絶された親の否定的な行動、子どもの虐待やネグレクト、子どもの発達障害や性格など、複数の理由があることがわかっています。

一部の専門家は、米国の最高裁は、すべての科学的証拠は、臨床的な「ソフトサイエンス」に基づくものであっても、ドーバート基準

(Daubert Standard) を満たさなければならないと判断しています。ドーバート基準は、裁判で科学的証拠が認められるための基準を定めたもので、ピアレビュー、出版、テスト可能性、エラー率、科学界での一般的な受け入れなどが含まれています。しかしPASはこれらの基準を満たしていないためPASに関する専門家の証言は、現在確立されている基準では認められていません。

PASを主張する者は「治療法」は、「違反」している親の親権から子どもを取り除くことであり、場合によっては、その親と子どもの間のすべての接触を断つことと言います。しかしPASの告発があった場合、子どもの行動には他の複数の理由が存在する可能性があります。家庭裁判所の使命は、法的な問題を治療的に解決することですが、それにもかかわらず、家庭裁判所は裁判所であり、法律を執行し、正義を確立する義務があります。民事裁判では、証拠採用の基準が緩くなることがありますが、科学的な装いをした希望的観測が認められるほど緩くはありません。

2　映画『ジュリアン』『サンドラの小さい家』から見る面会交流

面会交流の禁止・制限事由の一つである「子の拒絶」ですが、子どもが会いたくないと言った場合も、面会交流が実施され、子どもの心身の安全が脅かされたり、子どもが無力感に陥る様子は、海外の映画にも描かれています。

ここでは、「子の拒絶」があっても裁判所命令による面会交流がなされた様子が描かれているフランス映画『ジュリアン』(2017)、アイルランド・イギリス合作映画『サンドラの小さな家』(2020) を紹介します。

『ジュリアン』の舞台はフランスの家庭裁判所であり、DV家庭の面会交流を描いた映画です。

冒頭から、家庭裁判所の調停場面、裁判官に対して11歳の男子ジュリアンの陳述書が読み上げられます。そこにははっきりと「父親とは会いたくない」と書いてありました。これをもとに母親は面会交流を制限することを希望しますが、父親は隔週で宿泊付きの面会を希望しました。双方の主張には隔たりがありますが、結果的に、裁判所の判断は父親の希望通り、隔週宿泊付きの面会となります。

子どもが必死に「会いたくない」と書いた「陳述書」は尊重されませんでした。子どもの意見は表明されましたが、子どもへの確認はなされず、子どもの意向はくみ取られませんでした。結果的に、11歳のジュリアンは隔週の宿泊付き面会に行きますが、その表情は毎回暗いものでした。

なぜならば、父親は、毎回のようにジュリアンに母親の居場所を聞き出そうとするからです。父親の目的は子どもとの面会というよりも、子どもから母親の居場所を聞き出し、復縁を迫ることでした。父親は母親へのDVがあり、母親は他の男性と浮気しているとの疑いを持っていました。父親は子どもとの面会時に執拗に母親の居場所を聞き、ジュリアンは走って逃げますが、父親は追いかけ、母親の居場所を聞き出します。そして、母親に接近しますが、母親の親族が現れ、ここではトラブルは防がれます。しかし、父親は、母親への嫉妬や恨みを募らせ、母とジュリアンのいる家に押し入るのでした。

次に、『サンドラの小さな家』を紹介しましょう。これも、面会交流がテーマとなっています。

母親は、夫（父親）からのDVを受け、命からがら２人の娘（７歳と４歳くらいに見える）を連れてホテルに避難しています。母親は保護命令を受けますが、父親から面会交流の裁判を申立てられます。家庭裁判所は、双方の言い分を聞きますが、子どもの意見を聞くことはありません。結果として、面会が行われます。

しかし、次女は、面会交流の日になると、お腹が痛いなど、身体的不調を訴え、面会交流に行きたがりません。母親は、面会交流に行かせないと裁判所から罰を受ける可能性もあるため、面会に行くように促しますが、次女は面会を拒みます。なぜならば、次女は父から母への暴力場面を目撃（面前DV）していたからです。

そのことを知った母親は、子どもの心身を守り安全な場所を確保するために、家を建てることを決意します。土地を借り、ホームセンターで知り合った大工や職場の友人などの力を借りて、ようやく家を建て、子どもたちも安心しますが、居場所を見つけた父親に放火されます。父親は逮捕され刑務所に入りますが、父方の祖父母が言うには、父方の祖母も祖父から暴力を受けていて逃げられなかったとのことでした。

これらの映画にも描かれているように、海外の裁判所でも、「子の拒絶」が尊重されずに、面会交流が優先されることがあります。その結果、面会交流の機会を通じて、同居親への接近が図られたり、子どもの心身の不調が現れることがあります（第2章も参照）。

しかし、なぜ家庭裁判所は、このような「子の拒絶」など、子の意思に反してでも、面会交流を命じたのでしょうか。

(1)　日本の家庭裁判所らによる「面会交流原則実施」論

2018年に、現職の横浜家庭裁判所の裁判官と家庭裁判所調査官による著書が発行されました（片岡・萱間・馬場，2018）。

この書籍の中で、同居親（母親）の「子どもが面会交流を嫌がった場合はどうなるのでしょうか？」との問いに対して、調査官は

「お子さんを育てていく上では、お子さんが嫌がってもきちんと説明して言うことを聞かせなければならないことがたくさんありますよね」

「歯医者に行くのを嫌がっても、必要であれば受診させなければいけません」

「（面会交流の）試行の実施に、お子さんを納得させてきちんと参加させるというのは（中略）同居親としての責任と裁判所は考えているのです」

と記載されています（同書，p.262）。

そのうえで、家庭裁判所調査官のポイント解説として「子どもが嫌がってもさせなければならないことってたくさんありますね、確かに歯医者さんは典型的な一つといえそうです」「一番大切なのは、面会交流が子どもにとって必要なことだと同居親がしっかりと理解することです」と記載されています。

おそらく2017年頃の家庭裁判所では、このような「面会交流は歯医者と

同じで嫌でも連れて行かなければいけない」という働きかけが行われていたのでしょう。このような考え方を「面会交流原則実施論（プロ・コンタクト・カルチャー）」といいます。面会交流は子どものためになるという考え方です。

しかしながら、面会交流は子どもにとって歯科受診とは異なります。自主的な面会交流は子どもにとって有益でしょうが、子どもが嫌がる面会交流を強制することは、歯科受診のように有益であるという研究は、筆者の知る限りではありません。むしろ、子どもの心理に禍根を残します（Wallerstein, Lewis, & Blakeslee 2000, 邦訳：早野, 2001）。

⑵ プロ・コンタクト・カルチャー（面会交流を好む文化、面会交流原則実施論）とは

プロ・コンタクト・カルチャーについてイギリス司法省文献レビュー（2020）では以下のように分析しています。

プロ・コンタクト・カルチャーは、面会交流が子の発達に資するという考え方です。この考え方では、面会交流に反対する母親は「敵対者」であり「片親疎外」とみなされます。そして、同居親（多くは母親）は面会交流を制限しているとみなされ、「父母の争いは、悪いこと」とされ、家庭裁判所は同居親への働きかけにより、合意形成を促す方向（日本だと調停成立が促される）となり、結果的にDAの継続、過小評価が行われると指摘しています。

また、プロ・コンタクト・カルチャーのもとでは、面会交流を子どもが拒否した場合、「なぜ会いたくないのか」「どうしたら会えるのか」「会えるとしたらどういう条件か」などと子どもは家庭裁判所から詳しく聞かれます。一方で子どもが「会いたい」と言った場合は、「本当は会いたくないのでは」などとは聞かれません。「会いたくない」という場合だけ聞かれることが多くなります。これをセレクティブ・リスニング（選択的聴取）と呼んでいます。

イギリス司法省文献レビュー（2020）では、プロ・コンタクト・カルチャーとセレクティブ・リスニングは一体であり、子が面会交流を望む場合そのまま子の意思が受け入れられますが、子どもが面会交流を望まない場合は、「本当は会いたいのでは？　少しなら会いたいのでは？　どうすれば会え

るのか？」と働きかけられると指摘しています。

このようなプロ・コンタクト・カルチャーとセレクティブ・リスニングは、近年の家庭裁判所調査官の研究の中でも見られています。

『家裁調査官研究紀要　27号』小澤ら（2020）「子の利益に資する面会交流に向けた調査実務の研究」には、論文の末尾に15の事例（架空事例）が掲載されています。この中には、「子の拒否」がある事案や、試行的面会交流をした後に、子どもが体調を崩しているような場合でも、面会交流を促進している事例が掲載されています。

同論文では、「子の拒否」つまり、子どもが面会交流に消極的な発言があった時「子の拒否の背景を探る」としています。拒否の背景として、同居親の「制限的ゲートキーピング」（同居親の面会交流に対する消極的姿勢）の影響を挙げており、調査官や家庭裁判所が制限的ゲートキーピングの減少に焦点をあてるといいます。

また、「子への性的虐待」として、長女の陰部を何度も触る等と同居親から主張された事例では、幼稚園への調査の結果、父の性的虐待の主張を裏づける事実がみつからないとして面会交流の審判がなされた事例も掲載されています（同書，pp.370-374）。

次に、『家裁調査官研究紀要28号』市村ら（2020）「子の意思把握の調査に関する先行研究の実践的検証～ツールを活用した複数の調査官による効果的なケース検討の在り方について」を見てみましょう。

この論文の事例3「夫婦関係調整（離婚）調停」では父が母に対する暴行容疑で逮捕され、母は10歳長男を連れて別居し、母が住所秘匿の措置をとったのですが、父の詮索的行動に母は困惑していました。面会交流の調停において、父は「子どもは父と一緒に生活したいと言っていた、転校前の小学校に戻りたいと言っていた」と主張していました。

父母は、子に解決を委ねましたが、調査官は、子から面会交流に関する具体的条件を聴取するのではなく、子の現状に対する認識、今後の父母への要望を聞き取りし、父母に還元することで子の福祉へ寄与するとしました。

その結果、父は、面会交流拡充を条件に、親権者母として同意するとの意見を提出し、子が望むであろう父の学校行事への参加を提案し、調停は親権者を母、父子が月１回の日帰り及び年５回の宿泊付き面会交流をすることで成立したといいます（同書，pp.15-20）。

このように、近年でも身体的DVがある事案でも、10歳の子の意思を聴取せず、面会交流が子の意思の聴取がないまま決定されており実施されています。本事例では宿泊付き面会交流で子どもの受け渡しなども必要となり、父母が直接会う機会も想定されますが、身体的DVを受けている母親の心身、子どもの心身への影響は考慮されているのだろうかという疑問も残ります。

他にもプロ・コンタクト・カルチャーとして、現役の家庭裁判所調査官が編著者を務める書籍があります。小田切・町田（2020）は、研究者の小田切教授と現役の家庭裁判所調査官町田氏の共編著ですが、その中で研究者である小田切教授は、宿泊付きの面会交流をしている子どもは、していない子に比べて、うつ、不安、非行などが少ないとして、「面会交流が実施されないことは、子どもの精神発達に上述のような悪影響を与える最大の危険因子」とし、さらに共同親権の導入を主張しています（同書，pp.8-10、及びp.60）。小田切教授の主張はプロ・コンタクト・カルチャーといえます。

このように、プロ・コンタクト・カルチャーでは、常に「自主的な面会交流」と「裁判所決定による法的強制力のある面会交流」が混同されることに留意しなければなりません。宿泊付き面会交流が、子どもの自主的な意思と父母の協力で行われるのであれば、子どもにとって楽しく有意義でしょうが、家庭裁判所の紛争性の高い事例で強制的に行われる宿泊付き面会交流では、本章で述べたイギリスのWomen's Aid（2016）のように子どもが犠牲となるケースも考えられます。DV事例を除外すれば、このような危険は避けられるという主張もありますが、家庭裁判所の面会交流事件で紛争性の高いケースは、一方はDVがあったと主張し、一方は虚偽だ、なかった、などと主張するので、DVを除外すること自体が困難であるというのは、家庭裁判所の実務家の感覚でしょう。プロ・コンタクト・カルチャーは、こうした紛争性の高い事例でも、裁判所決定による面会交流を実施することで、子どもへの心身への負担を増大させることを家庭裁判所関係者は知っておく必要があります。

では、実際に、近年（2020年前後）、家庭裁判所での調停や調査などでは、プロ・コンタクト・カルチャーに基づいて当事者への働きかけが行われているのでしょうか。

これについては、第４章で当事者へのアンケートの結果を紹介しますが、概要を紹介すると、

調停委員会で同居親に対して言われた内容として
・子どものために面会しないと!!
・養育費をもらうために、父親のご機嫌をとれ、特に子どもに言い聞かせろ。
・どんな父親であったとしても子どものために面会交流が必要だと言われた。
・父親に会うのが子の福祉だから、という前提で話が進められた。
家裁調査官から言われたこととして
・子どもへの虐待がないのに、父親から子どもを断絶をさせるのは良くない。面会交流が子どもにとって良くないとする正当な事由を教えて欲しい。
・試行面会で問題なかったから、問題ない（ママ）。
・「今は面会交流する流れだから」と切り捨てられた。
・お子さんは「会いたくない」と言っているがお母さんの意向を汲んでそう言っている可能性があると言われました。
・「頑張れませんか」と言われました。
・「月一回は当たり前、お金をもらっているんだから」と言われた。

以上のように、家庭裁判所の調停委員会や家庭裁判所調査官から、面会交流について働きかけを受けたとの回答がありました。これらは、プロ・コンタクト・カルチャーに基づく働きかけであるといえるでしょう。

3　近年の海外の法制度の変遷

近年各国のDV法制は身体的DVだけでなく、精神的、性的、経済的なDVも含めて、DAを「強圧的・支配的行動（coercieve behavior）」と総称し

ており、DA の原理として、自分の思い通りに相手を支配しようとする考え方・行動をあげています。

このような新しい DA の考え方により、プロ・コンタクト・カルチャーよりも子どもの心身の安全を第一に考えるべきと、各国の法制度も変遷しつつあります。オーストラリアやイギリス等の法制度の変遷については、第2章の石堂教授、小川教授の講演録をお読みいただきたいと思いますが、ここでは、イギリス司法省文献レビュー（2020）をもとに、子どもの心身を守る面会交流や家庭裁判所の在り方について紹介します。

(1) イギリス司法省レポート（ハームレポート）（2020）

イギリスでは2020年の司法省報告および司法省文献レビューにより、これまでの面会交流の問題点が指摘され、子どもの心身の安全を第一にするような方向に向かっています。これについて以下に紹介しましょう。

まず、イギリス以外も含む各国の文献調査から、子どもに関する私法上のケース（親権や面会交流などが争われるケース）のうち DA の割合は 49－62％でした。DA とは「強圧的な行動」であり、被害者を暴行、屈辱、脅迫し、加害者は「支配的行動」として、被害者の自立、抵抗、逃避に必要な手段を奪ったり、日常的な行動を規制したり、「強制的コントロール」や、暴力や脅迫、支配、嫉妬に満ちた監視、低レベルの暴力を頻回に行います。すなわち、虐待者の戦略の中心は「コントロール」です。なお、DA被害者は女性が多く、ヘルプライン（電話相談）利用者の 95％が女性、DA事件の加害者の 92％は男性です。

また、ＤＡ加害者は、被害者へのコントロールとして、仕事をさせない、交通・通信の制限、友人家族への電話・訪問の禁止、警察・医療への支援の妨害、服装、家事、テレビ、食事、睡眠、お金の制限などを行います。

その結果、DA被害者は、「卵の殻の上を歩く」という常に不安な心理的状態（Coy et al., 2015）に置かれます。

家庭内殺人、犠牲者の多くは女性（Holt, 2018）であり、イングランド・ウェールズでは、毎週２人の女性が現在・過去のパートナーに殺害されており、DA は最も危険な犯罪とされています。

DV と支配

車輪の中心にいる男性が、その権力（パワー）により女性に影響を及ぼし、女性を支配（コントロール）しようとすることである。
権力と支配から生じる暴力は表面化するかしないかに関わらず、あらゆる暴力が複合的に起こっている。

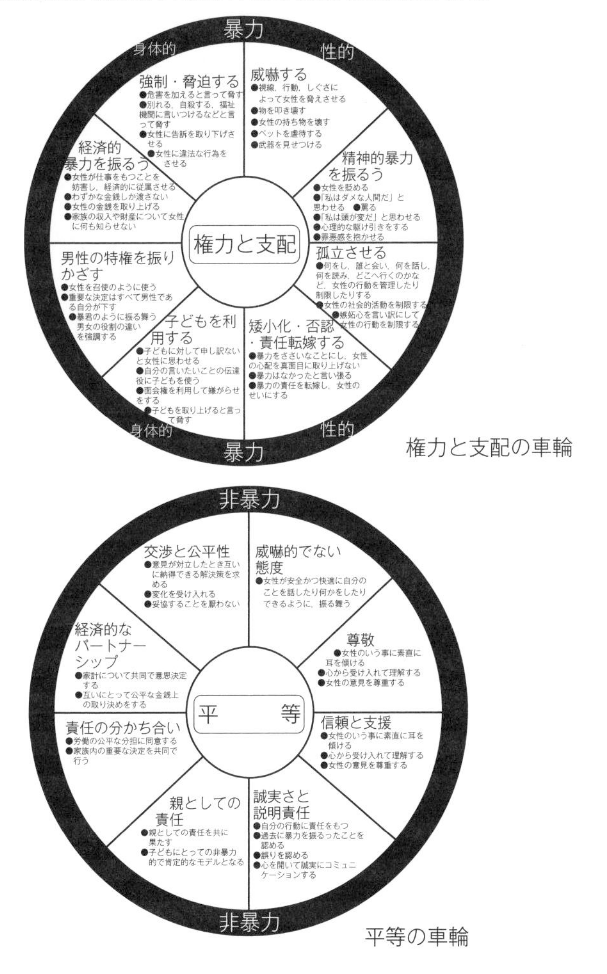

権力と支配の車輪

平等の車輪

1984 年アメリカミネソタ州ドゥルース市のＤＶ介入プロジェクトで作成された「パワーとコントロール」の図

パワーとコントロールの車輪（1984年アメリカ：ミネソタ州ドゥルース市の DV介入プロジェクト、ドゥルースモデルより、出典：エレン・ペンス、マイケル・ペイマー著『暴力男性の教育プログラムードゥールース・モデル』(誠信書房　2004年)

イングランド・ウェールズでは、200万人がDA被害を受けていますが、DAはパートナーと別離後も、継続し、深刻度を増し、DAサバイバーの90％以上は別離後の虐待を経験します。

⑵ 離婚後アビューズ（post separation abuse）

DAは別居・別離後に終了せず、別居・離婚後も継続し、深刻さを増します。家庭裁判所の試行面会、加害者からの訴訟による尋問がさらなる継続的虐待の場となることがイギリス司法省文献レビュー（2020）で指摘されています。

離婚後虐待・支配の戦術としてDA加害者は継続的な家庭裁判所の利用により、支配と嫌がらせを続けますが、このことが家庭裁判所の専門家に理解されていないと記されています。

裁判所は訴訟の濫用を制限できますが、実際は使われていません。Douglas（2018）は、DA加害者が延々と訴訟を起こし、何度も弁護士を解雇したり、裁判所や職員への苦情を申立てるケースがあると報告しています。一方で、DAを理解する裁判所や専門機関の職員・専門家がいると、女性は支えられていると感じます。しかし、Birchall & Choudhry（2018）などの研究は、DA加害者による頻回な訴訟で人生が台無しになる「悪夢」について、あるDV被害者の心情を報告しています。

「彼は何度も私を法廷に呼び出し、その年の給料ほぼすべてがかかってしまった。彼がまだ私の人生と金銭を支配している。私を狂わせ、おびえさせ、人間性を失わせ、子どもの人生を破壊しました」

イギリス司法省文献レビュー（2020a）によると、親権・面会交流事例のDA発生率について、Hunt（1999）は51%、Cafcass & Women's Aid（2017）の共同研究は62%（Cafcassは英国家庭裁判所助言機関、日本の調査官のような業務を行う）と報告しています。また、DAケースの子どもは身体的暴力や殺人の被害を受けるリスクが高く、子どもの殺人の３分の２は DAケースであるといいます。DA加害者の特性としては、パートナーや子どもが思い通りにならないことを「挑発」と感じ、自らを「導火線が短い」と正当化します。

このため、DA の子どもの心理状態については、恐怖や、別離後も緊張感を抱く、睡眠や食生活の障害、過度の叫び声、不自然に静か、攻撃性、などが挙げられ、子どもも「卵の殻の上を歩く」という心理になり、「自分の言動を先に考え、制約する」傾向があると指摘しています。

親権や面会交流の争いがあるケースでは、別離後も、DA加害者の存在、恐怖を感じる「不在の存在」がずっと継続しており、母親は子どもから以下のように責められます。「なぜ面会させたのか、なぜ転居した・しないのか、なぜ家族は解体したのか」と。

Thiara & Humphreys（2017）は、面会交流から戻った子どもが母へ「なぜ私を連れて行ったの？　私は行きたくなかったって言ったじゃない」と、怒り、攻撃、反抗的、暴言をする事例を報告しています。

アイルランドの Holt（2018）によると、別離後も続く虐待の継続が、母子関係に影響し、母親の心理として「何が起こるか分からないという感覚」「岩と岩の間に挟まれている」の他、「自分のやったことは正しいのか？」「私は最もくだらない母親では？」と子育てへの自信を喪失することが多くなります。

面会交流が、別離後も継続的虐待の場、子ども殺人の場になることも（Women's Aid, 2016）あり、子ども殺人は、面会交流の引き継ぎ時、対面時に起きます。また、面会交流の問題点の指摘として、Radford & Hester（2006）によると、94％の父親が、面会交流時に母の居場所などを聞く、Coy ら（Coy et al., 2015）によると母親は、身の危険を感じ面会交流の引き渡し時に友人や親族を頼る、との報告がなされています。

さらに、DA加害者は、面会交流を利用して、取り決めの変更をしたり、別居親が面会交流に行かないなどのコントロールをします。面会交流時の子の殺害は父親の権力と支配を主張する極端な例と Coy ら（Coy et al., 2015）は指摘しています。

⑶　裁判所命令による面会交流での子どもの心理

Holt（2018）の報告では、子どもが帰宅後、静かで何も話さず、「面会交流に行かないと、ママが刑務所に行く」と面会交流の不履行により、母が罰を受けることを子どもが心配して泣いていたり、子どもが「私たちが訪問しても父は常に携帯をのぞきこんでいる。弟と妹が飽きると父が怒る、毎回同じで予測できる」と、いつ怒るか分からない別居親との交流に不安を抱いている様子が描かれています。

Callaghan（2018）も同様に、子どもが「父がまた家庭裁判所に面会交流を申立てたから、仕方なく面会に行く」と子の意思にそぐわない面会交流について報告していますが、Cafcass（英国家庭裁判所助言機関）も、別居後の面会交流がDA継続の場となり、子の攻撃性、引きこもり、不適切な性行動、PTSD、悪夢などが生じる原因となること、Sturge & Glaser（2000）はDA加害者と子の面会交流は子どもに継続的なダメージを与えることを指摘しています。

このような状況に置かれている子どもの心身を守りDAの影響から子どもが回復するためには、何よりも「安全な環境」が必要であり、DA加害者との面会交流について「子の気持ち」を尊重することが必要とイギリス司法省報告（2020）は論じています。

イギリス司法省文献レビュー（2020）では、別居親（主に父親）との面会交流への気持ちは様々であり、「会えてうれしい」「会えずに寂しい」と思う子どももいれば、「恐怖」「虐待をやめてくれれば会いたい」と思う子どももいます。面会交流がうまくいくケースでは、子と別居親の関係が以前から良好ですが、うまくいかないケース（62%）では子どもの意思に反して強制されていました。

Thiara & Gill（2012）によると、裁判所命令による面会交流では、半数以上の子どもは父の怒りを恐れ、面会交流に強く反対し、Cafcass & Women's Aid（2017）による共同研究では、子はDA加害親との面会交流は望まないと指摘しています。また、Morrison（2009）は、DA加害親との面会交流において、子の最も強い感情は「恐怖」であり、面会をするのは「監視カメラや警備員がいるところならよい、何が起きているか分かるところがよい」と述べるなど、子どもにとって、面会交流が「裁判所の命令」であることで苦痛が増大するとも述べています。そのため、Fortin（2012）は、子どもたちの意見を尊重することが重要だと指摘し、裁判所命令あるいは自主的な面会交流がうまくいくには、柔軟性が必要であり、子どもの必要に応じて双方の親が対応してくれること、また、面会交流の決定に子どもが関与することが必要と論じています。

⑷　子どもの意見表明

面会交流に関して、子どもの意見の表明や、子どもの法的手続きへの参加について、イギリス司法省文献レビュー（2020b）ではどのように論じているでしょうか。

子どもの権利条約12条は、子どもの意見表明権、自己決定権の規定で、子どもは、自らが関係する事柄での法的手続きで、子どもの意見を述べる権利が、年齢とその理解程度に照らして考慮されるとし、幼児でも年齢に応じた環境設定やツールにより参加、意見表明は可能であるとしています。

Holt（2018）は、子どもの声を聞くことは、子どもの権利、子どもの自尊心、エンパワーメント、自己コントロールの感覚、逆境への対処力となると述べており、子どもの意見を聴取することが「子どもの重荷になる」という意見に対しては、子どもは決定権でなく、子の意思が聞かれること、尊重されることを求めていると、述べています。そして、実際の子どもの意見として、「私たちは行きたければ行けばいい、行きたくなければ行かなければいい、 選択がしたい、選択肢が欲しい」という声を紹介し、子どもの選択を裁判所が尊重してくれれば、子どもが安心できると論じています。その具体例として、子どもの声を以下のように紹介しています。

「コンタクトセンター（筆者注：面会交流センター）が、父との面会交流を安全でないと判断してくれて僕は楽になった。職員がただ意見を聴くだけでなく、実際に聴いてくれたことを尊重してくれて安心できた」

「会いたくない、と言ったら、それでいい」と言ってくれた。

面会交流に関して、子どもの意思・意見表明を尊重することは、子どもに決定権を与えるというのではなく、まずは子どもの意見を尊重することで、子どもが支援者を信頼できるようになり、自分に関する意見を述べることができたと思えることが大事といえるでしょう。

4　子どもにとって安心できる面会交流のために

子どもの権利条約12条は、子どもの意見表明権について以下のように記載しています。

> 締約国は、自己の意見を形成する能力のある児童がその児童に影響を及ぼすすべての事項について自由に自己の意見を表明する権利を確保する。この場合において、児童の意見は、その児童の年齢及び成熟度に従って相応に考慮されるものとする。
>
> このため、児童は、特に、自己に影響を及ぼすあらゆる司法上及び行政上の手続において、国内法の手続規則に合致する方法により直接に又は代理人若しくは適当な団体を通じて聴取される機会を与えられる。

ウォーラースタイン博士の研究（Wallerstein, Lewis, & Blakeslee 2000, 邦訳：早野, 2001）にあるように、子どもたちは、子どもたちの意見を聴かれることを望んでいます。面会交流の主体は子どもであり、子どもの意思を尊重することが何よりも重要でしょう。また、近年、日本でも家庭裁判所において子どもの意見表明について、子どもの手続き代理人制度や、精神科医、心理職などの専門職の関与・支援の必要性についても論じられています（第7章参照）。

ただし、弁護士や精神科医、心理職などの専門家が子どもの意見を聴取するときに、面会交流に対する自己の考え方の傾向を覚知しておく必要があります。この「自己覚知」は、専門家による判断に重大な影響を与えます。子どもに関する支援者が面会交流が子どもの利益になる、と考えていれば、面会交流を推進する方向の意見を述べることになるし、その逆もあります。子どもの司法手続きに関わる専門家は、まず子どもの立場にニュートラルに立つこと、そして、セレクティブ・リスニングに陥ることなく、子どもの心理や心身の状況をアセスメントし、子どもが、自分の言いたいことを聞いてくれた、理解してくれたかを確認しながら進めていくことが必要です。

そこで、具体的に、子どもが自分の意見表明を支援する（意見表明支援）

手段を構築することが必要となります。小学生以上であれば、子どもが自分の意見を安心して話せるように、オープンクエスチョンをもとに、面会交流に関する考えを聞いていくことになります。その場合に、子どもの意見に決定権はないが、十分尊重されることを伝えておくことは必要です。

未就学児や障害等の影響がある場合も、子どもの意見表明支援は必要です。子どもアドボカシーの視点に立ち、子どもが安心して話しやすい環境を作ります。栄留（2021）は、子どもアドボカシーの研究実践から、たとえば「魔法の杖があったとしたら、どんな魔法を叶えて欲しい？」などと聞いたり、イギリスでの実践事例として、「ここは○○ちゃんのための、部屋だよ」などとポスターで歓迎し、「○○ちゃんの願いを星座表（スターチャート）に書いてね」などと、子どもが意見を表明しやすくなるような工夫を報告しています。乳幼児であっても、子どもはさまざまなサインで意見を表明しているとも考えられます。面会前後や同居中の子どもの心身の状況はどうであったのか、別居後の普段の生活・心身の状況はどうなのか、子どもの心理的な安全を守るために今必要なことは何かを慎重に検討することが求められます。本書第７章の精神科医の報告にあるように、面会交流後に子どもの心身の不調が見られる場合には、無理せず子どもの回復を待つことが求められるでしょう。

まとめ

面会交流は、子どもの意思を尊重し、父母双方が協力できれば、子どもにとって有益でしょう。

しかし、子どもが拒否していたり、子どもに身体・精神的症状が出ている場合に、家庭裁判所による面会交流の決定をしたり、履行を強制することは、国内外で子どもが犠牲となる事件が起きていることからわかるように、子どもの心身にとって取り返しのつかないことになりかねません。

家庭裁判所の調停委員会や家庭裁判所調査官は、こうした国内外の面会交流に関する研究の知見や事件の状況を理解しておくこと、とりわけプロ・コンタクト・カルチャーと、それに基づくセレクティブ・リスニングに専門家が陥りやすいことを理解すること、DA が同居・婚姻中だけでなく、別居後も「家庭裁判所に場を移して」継続することを理解し、研修をすることが求められます。最近では米国カリフォルニア州議会で家庭裁判所の裁判官らにこうした研修を義務づけるという法案（ピキ法）も提出されています。

家庭裁判所は、紛争の渦中にある子どもの声を聞き取り、子どもの心を支える存在でなければなりません。子どもに苦しみを無理強いさせることがあってはなりません。

家庭裁判所は、今こそ、子どもの声に耳を傾けなければならないのです。

参考文献

American Psychological Association (APA) (2008) *Statement on Parental Alienation Syndrome*
https://www.apa.org/news/press/releases/2008/01/pas-syndrome

American Psychological Association (1996) *Report of the American Psychological Association Presidential Task Force on Violence and the Family.*

Cafcass and Women's Aid (2017) *Allegations of domestic abuse in child contact cases.* https://www.cafcass.gov.uk/wp-content/uploads/2017/12/Allegations-of-domestic-abuse-in-child-contact-cases-2017.pdf

Caffrey, L. (2013). Hearing the Voice of the Child: The Role of Child Contact Centres in the Family Justice System. *Child & Fam.* LQ, 25, 357.

Cashmore, J. (2011). Children's participation in family law decision-making: Theoretical approaches to understanding children's views. *Children and Youth Services Review*, 33(4), 515-520.

Coy, M., Scott, E., Tweedale, R., & Perks, K. (2015). 'It's like going through the abuse again': domestic violence and women and children's (un) safety in private law contact proceedings. *Journal of social welfare and family law*, 37(1), 53-69.

Douglas, H. (2018). Legal systems abuse and coercive control. *Criminology & criminal justice*, 18(1), 84-99.

栄留里美（2021）「アドボカシーとは何か、アドボケイトの活動事例」栄留里美・長瀬正子・永野咲『子どもアドボカシーと当事者参画のモヤモヤとこれから』明石書店，pp.63-91.

Galántai, J., Ligeti, A. S., & Wirth, J. (2019). Children exposed to violence: child custody and its effects on children in intimate partner violence related cases in Hungary. *Journal of family violence*, 34(5), 399-409.

Harrison, C. (2008). Implacably hostile or appropriately protective? Women managing child contact in the context of domestic violence. *Violence against women*, 14(4), 381-405.

Holt, S. (2018). A voice or a choice? Children's views on participating in decisions about post-separation contact with domestically abusive fathers. *Journal of social welfare and family law*, 40(4), 459-476.

細矢郁・進藤千絵・野田裕子（2012）「面会交流が争点となる調停事件の実情及び審理の在り方――民法766条の改正を踏まえて」『家庭裁判月報』64(7), 1-97.

梶村太市・長谷川京子（編著）（2015）『子ども中心の面会交流――こころの発達臨床・裁判実務・法学研究・面会支援の領域から考える』日本加除出版

片岡武・萱間友道・馬場絵里子（2018）『実践調停　面会交流』日本加除出版

Kita, S., Haruna, M., Matsuzaki, M., & Kamibeppu, K. (2016). Associations between intimate partner violence (IPV) during pregnancy, mother-to-infant bonding failure, and postnatal depressive symptoms. *Archives of women's mental health*, 19(4), 623-634.

毎日新聞2017年５月23日（2017）兵庫２遺体、別居の父、4歳の娘殺し自殺か、面会交流に盲点、離婚の妻「夫の異変知らされず」https://mainichi.jp/articles/20170523/org/00m/040/005000c

Meier, J. S. (2020). US child custody outcomes in cases involving parental alienation and abuse allegations: what do the data show?. *Journal of social welfare and family law*, 42(1), 92-105.

Morrison, F. (2009). *After domestic abuse: Children's Perspectives on contact with fathers*. The University of Edinburgh, Center of Research on Families and Relationsips. https://era.ed.ac.uk/bitstream/handle/1842/2795/rb42.pdf?sequence=1&isAllowed=y

小田切紀子・町田隆司（編著）（2020）『離婚と面会交流――子どもに寄り添う制度と支援』金剛出版

Radford, L., Hester, M., & Pearson, C. (1997). *Domestic violence: A national survey of court welfare and voluntary sector mediation practice*. Policy Press, Bristol.

Thiara, R. K., & Humphreys, C. (2017). Absent presence: The ongoing impact of men's violence on the mother–child relationship. *Child & Family Social Work*, 22(1), 137-145.

Thomas, R. M. and Richardson, J. T. (2015) Parental Alienation Syndrome: 30 Years On and Still Junk Science, website :ABA(American bar association) https://www.americanbar.org/groups/judicial/publications/judges_journal/2015/summer/parental_alienation_syndrome_30_years_on_and_still_junk_science/

最高裁判所事務総局（2021）『令和３年 司法統計年報 ３ 家事編』

棚瀬一代（2010）『離婚で壊れる子どもたち――心理臨床家からの警告』光文社

UK Ministry of justice. (2020a) Assessing risk of harm to children and parents in private law children cases, https://www.gov.uk/government/consultations/

assessing-risk-of-harm-to-children-and-parents-in-private-law-children-cases
UK Ministry of justice（2020b）Domestic abuse and private law children cases, A literature review. https://assets.publishing.service.gov.uk/government/uploads/system/uploads/attachment_data/file/895175/domestic-abuse-private-law-children-cases-literature-review.pdf

山田嘉則（2021）「離婚後面会交流に子どもの声を」『精神看護』2021（7），370－373

Wallerstein, J.S., Lewis, J.M., & Blakeslee, S.（2000）*The Unexpected Legacy of Divorce: A 25 Year Landmark Study*. New York: Hyperion Books.（ウォラースタイン，J. S.・ルイス，J. M.・ブラッスリーS.（著）早野依子（訳）（2001）『それでも僕らは生きていく――離婚・親の愛を失った25年間の軌跡」PHP研究所）

Woman's Aid（2016）Nineteen Child Homicides https://www.womensaid.org.uk/wp-content/uploads/2016/01/Child-First-Nineteen-Child-Homicides-Report.pdf

US Department of justice(1996) Violence and the Family: Report of the American Psychological Association Presidential Task Force on Violence and the Family. https://www.ojp.gov/ncjrs/virtual-library/abstracts/violence-and-family-report-american-psychological-association

第2章

国内および海外
（イギリス、アメリカ、オーストラリア等）の
実情と法制度

小川 富之

石堂 典秀

1
海外での面会交流の実情および共同監護に関する法制度の変遷

小川 富之

はじめに——問題意識

本稿では「共同親権制の議論について」考えてみます。詳しくは、参考文献で紹介している「①欧米諸国の多くでは共同親権制が採用されているか？」「②日本における離婚後の子の養育法制について——現行法を基にした共同養育の可能性」「③国連『児童の権利委員会』の勧告と日本の離婚後の子の養育法制の課題」という３つの論文に掲載しておりますので、そちらを参照してください。これらの論文は、『戸籍』という法務省関連の雑誌の2020年６月、８月、10月号に３回にわたって連載いたしました。

この連載のテーマである「共同親権制の議論について」第１回目の６月号では、共同親権制度は欧米諸国で採用されている、というふうに言われているけれども、それは認識が誤っているということをわかりやすく説明しました。２回目の８月号では、日本でも、欧米と同じような子どもの養育環境というのは現行法でも十分対応が可能だということを明らかにしました。それから、最近になって、「国連から、日本に共同親権制を導入するように勧告をされた」ということが、報道されましたが、国連はそのようなことは日本に勧告していないということを３回目の10月号で資料を基に証明しました。

今日のお話はこの３点を中心に、欧米が共同養育の考え方を積極的に推進した結果として、非常に大きな困難に遭遇していること、場合によっては、離別後の子の養育を巡って、子ども自身の生命や、子どもの監護・養育をしている母親の生命身体に危害が加えられるということが頻繁に起こっていて、重大な問題だと捉えられていることを説明します。その背景には、欧米で推進した共同養育のための法整備が存在していることを説明し、今後の日本の進むべき道を考えたいと思います。

今日のお話を五つに分けて、まず「はじめに――問題意識」、続いて今日のメインテーマ「欧米諸国は共同親権制か？」「日本の子の養育法制」それから「国連は日本にどんなことを勧告してるのか」を説明した上で、最後に、「共同親権」という言葉は不正確で「共同監護」と言った方が良いと思いますが、日本で議論されている共同親権制度導入の危険性について話をしたいと思います。

その前提条件として、どういう人たちがこの問題の対象になっているかをまず、把握していただきたいと思います。離婚に関する日本の状況ですが、厚生労働省「人口動態統計」「全国ひとり親世帯等調査」2018（平成28）年によると離婚件数が年間21万件で、８割は母親が親権者、母子世帯での養育費の取り決めがなされているのは42.9％、養育費の支払いがなされているのは24.3％です。そして、平均年収が母子家庭が243万円、父子家庭が420万円です。

次に、面会交流の実施率が３割程度です。そして、この３割程度をどういうふうに考えるかは重要なポイントです。この３割というのは、皆さんの記憶にとどめておいてください。

年齢別の離婚件数は、30歳から34歳が2万5867件。夫の平均初婚年齢が31歳、妻が29歳です。

同居期間別で見ると５年未満の離婚が多いです。

有未成年子離婚というのが12万3,397組、そして子連れで再婚する人たちが35％程度いるということになります。

2018年の人口動態統計によると、だいたい60万組くらい婚姻届を出して、20万組くらい離婚する。そうすると、３組に１組は離婚しているという表現がときどきされますが、これは不正確です。

正確に見ていくと、全体で配偶者がいる人口の1,000人あたり、男性が５人離婚しています。

女性が5.07人です。

注目していただきたいのは、20歳になるまでの人口1,000人あたりの離婚者の数の多さです。

この年代層で1,000人婚姻している人たちがいるとすると49人が離婚しています。20代前半・20代後半・30代前半・30代後半、この年齢層の離婚が多いのです。

親権を行わなければいけない子どもを持つ夫婦の離婚件数を見ると、注目していただきたいのは、厚生労働省の人口統計資料集（2020）によると1950年だと、夫が、子ども全体の親権を行うのが２万3,376件、妻より多いです。

2018年では、夫が１万4,000件に対して、妻は10万1,000～2,000件程度です。親権を行わなければいけない子を持つ夫婦別の離婚件数を見ていくと、2018年、妻がすべての子どもの親権を行うのが84％です。

このような状況で養育費の取り決めをしているひとり親世帯は少数派なのです（厚生労働省統計「平成28年度全国ひとり親世帯等調査結果報告」）。

そして、養育費の取り決めをしている人たちの中で、実際に養育費を受け取っているのが、44.4％です。

このように養育費を巡って母子家庭が非常に厳しい状況にあることは、頭に置いておいてください。

そして、世帯収入で見ると、今コロナ禍で状況が厳しくなっていますが、母子世帯の就労状況を見ると、パート・アルバイトが43.8％です。

平均年収は、先ほど紹介した通り、生活保護の支給基準に満たないぐらいの人たちがたくさんいます。

以上を踏まえて、こういうモデルを考えていただきたいと思います。

ご承知のとおり婚姻までの交際期間は長くなっています。そして長く交際が続くなかで婚姻をする決心をして婚姻届を出す理由の一番は、子どもを授かったということです。多くの方が子どもができたので、決心して、婚姻届を出して、夫婦になることに決めました。そのときの年齢が平均して30歳前後なんです。平均初婚年齢がそうなっています。

そして、５年刻みで離婚率を見ていくと、５年、10年、15年……50年……という中で一番高いのは、５年未満です。

さらに５年未満を１年ずつ刻んでいくと、離婚率が高いのは婚姻後１年から２年なのです。

このようなことから、イメージしていただきたいのは、交際しているときはわりとうまくいきました、子どもができて決心して婚姻届を出して夫婦になりました。そして、夫婦生活は１年は何とかもったけれども、３年はもたなかった。

当然小さな子どもを抱えています、そのまま継続して就労している母親もいますが、パート・アルバイトも多い。ですから、こういう人たちを対象に、子どもの最善の利益の実現を目指して、別居や離婚後に未成年の子が健全に成長（生育）できるように、父母が協調協力して、子どもの養育にかかわれる環境作りをしなければいけないのです。

1　日本における共同親権制導入の議論

2018年の７月15日の読売新聞記事に、子どもが健全に生育できるための環境作りをどうすればいいのかというと、共同親権を導入すればいいという記事が載っていました。びっくりしました。記事では、離婚後も双方に責任をということで「共同親権新制度検討」「政府が離婚後に父母のいずれか一方が親権を持つ単独親権制度の見直しを検討していることがわかった。離婚後も父母双方に親権が残る共同親権を選べる制度の導入が浮上している。父母とも子育てに責任を持ち、親子の面会交流を促すことで、子どもの健全な生育を目指す。法務省は、親権制度を見直す民法改正について2019年にも法務大臣の諮問機関の法制審議会に諮問する見通しだ。1896（明治29）年に制定された民法は家制度を色濃く反映している。親権が子どもに対する支配権のように誤解され、児童虐待に繋がっているとの指摘もある。親権は2012年施行の民法改正で、子の利益のためと明記されており、政府はこの点からさらなる法改正に着手する方向だ」と記載されています。

次に上川法務大臣（当時）のインタビュー記事です（読売新聞 2018年４月26日）。

「現行の民法は単独親権制度で、どちらかの親は戸籍上の他人となり、親権のない親はほとんど子育てに関われず、面会交流も著しく制限されるのが実情です」「一方、欧米では共同親権が主流で、離婚後も父母が共同で子育てを担います」と記載されています。「共同親権制度で問題が解決するんだ」、こういうことをおっしゃってるんです。その後の動向ですけれども、法務大臣が山下貴司さんに替わりまして、やはり同じような考え方が引き継がれました。山下法務大臣はその後の2018年5月17日の閣議後の記者会見で、離婚後の親権制度や子どもの養育費のあり方について、「24ヶ国を対象として調査をすることを、外務省に依頼した」「日本は現在、民法に基づき、単独親権制を採用しているが、調査結果を踏まえ、共同親権制度の導入の可否を検討する」と述べています。24ヶ国に、わざわざ、こういう議論を始めるために調査をするということなのです。これも念頭に置いておいてください。後の話と関連してきます。

さらに、2019年の9月28日の朝日新聞の記事ですけれども、「法務省は2019年9月27日、離婚後も父母の双方が親権を持つ共同親権制の導入の是非などを検討する研究会を年内に設置すると発表した」と記載されています。導入が必要と判断すれば、法務大臣が民法改正を法制審議会に諮問することになるとして、法務省主導で立ち上げられたのが家族法研究会です。この研究会はその後ずっと続けられて、2020（令和2）年の10月に研究成果をとりまとめ、これを受けて、現在その問題について法制審議会で議論が始まっているのです。

この研究会の先生方、それから法制審議会の先生方の名誉のために申し上げておきますけれども、議事録は全部公開されていますので、この議事録をしっかりご覧になれば分かるように、当初は、共同親権としては議論されておりませんでした。そして法制審議会でも、共同親権という形では議論されておりませんでした。

だから、この研究会のメンバーの先生方、それから法制審の先生方の名誉のために再度申し上げておきますけれども、この議事録や、今回の法制審議会もこれまで2回ほど会議を持たれましたけど、そこでは、共同親権としては議論されておりません。

共同親権を推進する立場からは、単独親権制度だと面会交流が制限されるので、共同親権にすれば面会交流が促進され、子の健全な生育が実現でき、それが子どもの最善の利益につながると説明をするわけです。この背景にあるのは、離婚というのは夫婦関係が解消されることであり、離婚したからといってその子どもに対しての父親・母親という関係には影響を及ぼすべきではない。だから離婚したからといって父親と母親が、離婚する前と同じように、また離婚する前よりもさらに、子どもとの関わりを継続して、子どもの養育をすることが、子どもの最善の利益に繋がるんだという考え方です。非常に耳触りがいいです。そのようなことが実現できればですね。

私は、面会交流には、当然のことですが、賛成の立場です。

父母が離婚後も協調協力して、子どもの利益に繋がるような形で、面会交流も含めた父母の関わりが継続できれば、子どもの最善の利益が実現できるという考え方を一切否定しておりません。しかしながら、そのためにどういう制度を作っていくかというのとは、これはまったく別問題です。

共同養育支援法の全国連絡会のホームページに以下のように公表されてます。

「国連の子どもの権利委員会の勧告、2019年2月1日に開催された子どもの権利委員会で採択された第80回総括所見で、『共同親権を認めるために離婚後の親子関係に関する法律を改正すること』等の勧告を日本政府に行いました」「離婚後の単独親権制を改正して、共同親権制度を導入することに関して国連から明確な立法事実が示された」ということが書かれています。だから日本政府は早く法改正を進めるようにという主張がされているわけですね。

これに関して、もともとの議論は「親子断絶防止法案」というところにあったということは、念頭に置いてください。

「欧米は共同親権なんです。離婚により夫婦関係は解消されるけど、子どもにとっての親子関係は継続するんです。離婚後も、子どもと親子の関係はずっと継続するんです。それは欧米が共同親権だからです」と。「だから日本も、共同親権にすれば、子どもとの交流が継続促進され、子どもの健全な生育に繋がるんです。欧米を見習いましょう」ということが言われます。「欧米諸国の制度は素晴らしい、子どもも皆幸せである」と言われます。

「隣の芝は青々としてますよ。花は綺麗に咲いてます」と言うわけです。本当にそうだろうか？

実は私もかつては欧米諸国を見て、欧米諸国は離婚後も共同監護ですが、そのような考え方は日本も参考にすべきかなあと思ったことがありました。

しかし、その考え方が変わりました。

それは、欧米の実態を、実際に目の当たりにしたからです。

2 欧米諸国の現状

1992、3年頃、国連が国際家族年を設定するということで、国連の国際家族年の担当ディレクターも含めて、児童の権利条約と、家族の問題は重要な関わりがあるということで「世界会議『家族法と子どもの人権』」という会議体を作りました。私はこの立ち上げのときから参加してずっとお手伝いしています。

この「世界会議『家族法と子どもの人権』」を、4年に1回開催しようということになりました。

1993年のシドニーでの大会が1回目の会議です。この会議で、「ファイナル・コミュニケ」という形で、会議の議論の結果を公表して、それがいろいろな法改正に繋がったということがあります。

ハーグ条約（国際的な子の奪取の民事上の側面に関する条約）の考え方もそのひとつですし、海外特に、アジアの少年少女の売買春防止も重要なテーマのひとつでした。

この第1回「世界会議『家族法と子どもの人権』」の「ファイナル・コミュニケ」がもとになって、日本でも、外国で児童買春をしたときに処罰をするという法律ができました。日本だけに限らず、世界中で同じような法律が作られました。

私はこの会議に出て、びっくりすることがたくさんありました。

1997年の2回目の大会をサンフランシスコで開催しました。当時ビル・クリントンさんがアメリカ合衆国の大統領で、ヒラリーさんはファーストレディだったので、彼女に、このサンフランシスコ大会の議長をお願いしました。

ホワイトハウスでいろいろ打ち合わせをしたりもしました。クリントンさんは、ご夫婦とも弁護士です。ヒラリーさんは家族や子どもの問題に積極的に取り組んでいた弁護士です。

実は第1回目の大会、1993年にシドニーで開催したのですけれども、そのときにヒラリーさんが参加の申し込みをしていて、「ヒラリーさんが来られるな」と思っていたのですが、残念ながらちょうど同じ時期に東京でサミットが開催されて、ビル・クリントンさんからどうしても自分について来て欲しいというふうな要望があったので残念ながら「シドニーに行けなくなりました」と言われました。そこで２回目はそのかわりに議長をお願いしました。

その第２回で、皆さんもご存知だと思いますけども、ジュディス・ウォーラースタイン博士に、シンポジウムでお話をしていただきました。

私がそのセッションのコーディネーターを担当しました。ウォーラースタイン博士は、欧米が共同監護の制度を導入する大きな要因となった先生です。ウォーラースタイン博士の考え方に基づいて、アメリカとかヨーロッパの joint custody という考え方で、離婚後も父母が面会交流等を積極的に進めていくということが法制度化されていきました。

ウォーラースタイン博士の本は日本でもたくさん翻訳されていますので、皆さん方も手に取ってご覧になったこともあるかと思います。家族社会学者ですけれども、婚姻関係が継続している家族、そして離婚した家族、そういった家族で子どもたちがどういうふうに生育していくかというのを、５年・10年・15年・20年・25年にわたって子どもたちや親へのインタビューをしてその成果をまとめています。ちょうどサンフランシスコで会議を開いたとき、離婚後25年目の調査結果を発表してくださいました。ウォーラースタイン博士の考え方は、日本でも紹介されていますけれども、彼女は「離婚しても、父母が、ちゃんと子どものことを考えて、お互いに、必要に応じて協調協力して、子どもに、適切に関わることができれば、離婚は必ずしも子どもの生育にマイナスの影響を与えるものではない」とおっしゃっているのです。

だから、離婚後も joint custody で、父母が離婚しても、子育てに関わりを持つようにしましょうという考え方が出てくるのです。実は、ウォーラースタイン先生と第２回大会のセッションの準備でいろいろ打ち合わせをしていた時にそういうことを話したら、「小川先生、確かに私はそういうことを研究成果として書いてるけれども、その続きが私の言いたかった重要なことなんです」とおっしゃいました。その続きに何が書いてあるかというと、こういうふうなことが書いてあると説明されました。

「離婚しても父母が協調協力して、そして必要に応じて適切に面会交流等を行って子育てに協力して関わっていけば、離婚は必ずしも子どもに悪影響を与えるわけではない。だから必ずしも離婚を否定的に捉える必要性はないんだ。ただし、私が言いたいのは、裁判所の命令のもとで、厳密なスケジュールに従って行われる親と子の交流は、子の成長に有益どころか有害である。子どもの心身に取り返しのつかないような事態を生じさせることになる」ということを、ウォーラースタイン先生はお話されました。

そして、1993年の第1回世界会議「家族法と子どもの人権」からちょうど20年経過したということで、第5回記念大会を2013年に開催することになり、第1回目の会議を開催したシドニーで記念大会を行いました。

デンマークのプリンセスが、第5回世界会議のコングレス・パートナーなのですが、プリンセスはオーストラリア人なんです。そして大会を開きましたら、参加している皆さんから離婚後の子の養育について、「小川先生、日本はどんなふうになってるんですか」と質問されるので、日本の単独親権制、そして民法の766条、後で紹介しますが、監護についての規定、日本の離婚後の面会交流の状況といったようなことをお話しすると、「うわあ、日本の単独親権制って素晴らしいですね。いつ日本はそういう制度に変えたんですか。私たちのところはjoint custodyを導入したために、もういろんな問題で頭を悩ましてます」と。

その頭を悩ましてる問題が、例えばリロケーションとか、それから虐待であったりとか、面会交流中の子どもの死亡であったりとかっていうことなんですね。

子どもの問題について、最近では養育分担（shared parenting）といいますが、20年目の大会でも、20年以上にわたって欧米が克服できずに、共同監護の問題をどういうふうに改善するかという議論をずっと続けているのです。

そこで私がチェアー（議長）となって国際的な共同研究グループを作って、欧米諸国で子どもの養育分担という制度が作られ、どういう深刻な問題が発生したか、この問題を解決するにはどうすればいいかということを、もう1992年ころからですから、30年近く話し合っています。

隣の芝は皆さん方には青く見えてるかもしれませんけども、私が近寄ってみたら、大変な状態でした。

花は綺麗なように見えましたけども、近寄ってみたらたくさん枯れていました。欧米諸国の離婚後の共同監護は重大な問題をかかえていました。

3　欧米諸国では「共同親権制」が採用されているか？

そういう中で、ついに日本でも2021年3月30日に、法制審議会家族法制部会の第1回会議が開催され、離婚後に父母の双方が、子の親権を持つ共同親権の導入の是非も議論されることになったということが、新聞等で報じられたということです。欧米諸国や中国、韓国などの東アジアでは、共同親権を原則としたり、選択できるようになっていたりすると説明されているのです。日本が1994年に批准した児童の権利に関する条約では、子ができる限り父母の養育を受ける権利があると明記され、父母の婚姻関係の有無とは関係がないため、多くの国が法改正し、離婚後の共同親権を認めるようになってきましたという説明です。これは2021年4月1日の新聞記事です。「欧米は共同親権制だ」といまだに言ってるのです。

冒頭で紹介した『戸籍』の2020（令和2）年の6月号で次のように紹介しておきました。

欧米諸国の離婚後の養育法制を捉えると、当初はparental authorityという言葉が使われていました。

それからcustodyに変わりましたが、parental authorityの『authority』は「権限」で、『custody』が「監護」です。

そしてさらに現在は、parental responsibilityという考え方を経て、より中立的なペアレンティング、さきほど紹介した第5回世界会議で私が議長をつとめたセッションのテーマもそうなんです。大会2日目の2013年3月18日15～17時に「Shared parenting（シェアド・ペアレンティング）」というセッションで共同養育の問題について議論しました。このように欧米では離婚後の子の養育に関する考え方も、それを表す言葉も変わってきています。

日本法との対比で考えると、権利・権限から監護・保護を経て、責任さらに養育といった大きな流れが欧米諸国ではあるわけです。親と子との上下関係、オーソリティってのはまさに親がオーソリティですから、親権なんです。

Custodyというのは監護とか保護という意味なのです。親は強いから、弱い子どもを守ってあげなければいけない、だからCustodyなんです。

それからさらに、その権利義務関係・上下関係・強弱関係といった考え方を経て、責任そして養育へと、このように概念が変わってきて、現在では、より中立的なペアレンティング、「子育て」という表現に変わってきているのです。

「親の権利」から「子の利益」へと、まさに言葉自体が変遷してきている。このようなことからもわかるように、日本の親権、これは法務省のホームページを見れば、親権の英語表記はParental Authorityとなっているのですが、欧米諸国と違いがあることについては注意してください。

日本の親権と同様の親権概念が存在しないところが、多く存在していることがわかります。その場合にはこれらの国や地域で日本と同様の単独親権制が存在していない。単独親権制ではないからそれらの国は共同親権制だと理解されてしまっているのです。司法実務も戸籍実務もそのような扱いになっています。

例えばアメリカ合衆国のルイジアナ州のように、日本の親権と近い概念が存在していたところもあります。ルイジアナ州では、父母の婚姻中は「父母による共同親権」(joint parental authority) なのです。では離婚したらどうなるのかというと、ルイジアナ州民法225条で「父母の別居や離婚により、父母の親権は終了する」と規定されています。そして、親権が終了して後見に移行します。

このように、諸外国における、親の子に対する権利や、権限の概念、別居や離婚に際しての子の養育に関わる法制度は、多種多様であるにもかかわらず、それらの国や地域は、日本の裁判実務や戸籍実務では、単独親権制ではないから、共同親権制であるという扱いになっています。

先ほどの山下元法務大臣が、日本の法改正のために外国の20数カ国を調査すると記者会見で発表したという話ですが、欧米諸国における離婚後の子の養育法制については既に調査済みで、私も外務省から依頼を受けて調査をして調査報告書を提出しています。

これに関しては、皆さん方が「ハーグ条約関連資料」と検索していただくと、多くの国の離婚後の子どもの養育についての法律制度を、それぞれの専門家が時間と労力をかけてたびたび新しい情報に更新したものが外務省の公式ホームページ (https://www.mofa.go.jp/mofaj/ca/ha/page22_001672.html) に全部載っています。わざわざ今から共同親権制を議論するために法務大臣が外務省に指示をして調べてもらう必要性はありません。

「ハーグ条約関連資料」にはどういうことが書いてあるかというと、例えばオーストラリアでもそうですけれども、オーストラリアの報告書(https://www.mofa.go.jp/mofaj/files/000552260.pdf) をご覧になると、オーストラリアは2006年法改正で、養育分担の規定が導入されて離婚後も両親による均等な養育時間を確保すべきことが、規定されました。

オーストラリアでは2006年に少し前に日本でも目指した「親子断絶防止法案」のような法律を作りました。この2006年法というのは他の国の法律にも大きな影響を与えて、その後ヨーロッパの国々でも似たような法律を作りました。

この2006年法は、離婚後も両親による均等な養育時間を確保すべきことが求められているかのような誤解を多くの人々に与え、その結果父母が自身の権利利益のみを追求し、子の最善の利益がないがしろにされる結果を招き、さらにフレンドリーペアレント条項が明文で規定されていたので、子どもや同居親、主として母親ですが、その生命・身体に重大な危険が生じたことから、それを2011年の改正で廃止しました。

2006年法で、フレンドリーペアレント条項が規定されていたことによって、オーストラリアでは同居親によるファミリーバイオレンス、DV・虐待を含めた何らかの暴力、または児童虐待の主張が、抑制されることになってしまいました。そして子どもが暴力的な親との交流を半ば強制される結果を生じさせ、暴力リスクにさらされつづける可能性を増大させたということが、オーストラリアの政府関係の調査報告書に明記されています。

これらに対する批判・反省を踏まえて、オーストラリアでは2006年法を2011年に抜本的に改正しました。その後さらにオーストラリアでは継続した調査を行って、2019年4月に、オーストラリア法改正委員会は『Family Law in the Future—An inquiry into Family Law System(将来に向けての家族法)』というレポートを公表して、子の最善の利益の内容として、虐待やネグレクト、家族暴力から子を保護することが最も重要な事項であると明示しています。そして、面会交流を原則として実施するという考え方を改めるという大転換がなされたわけです。

また、前述の「ハーグ条約関連資料」等を見ていただければわかるのですが、結論から申し上げますと、日本と同様の親権、parental authority、特に離婚後にそのような parental authority を父母が共有して共同で行使しているところは、少なくとも私が調べた限りでは存在しません。外務省が公表している調査結果の中にも、私が調べた以外の先生方が調査した報告書の中にもそのような国はありません。

日本と同様の親権という点からとらえた場合に、離婚後に共同親権を採用するところは、存在しないのです。

では現在どういうふうになっているかというと、「親責任（parental responsibility）」というのが規定されているところがどんどん増えてきています。この parental responsibility は、別居や離婚後も当然継続する法律上の親子関係から派生するものです。

「親責任（parental responsibility）」は、離婚しても父母が責任を負っているということです。別居や離婚後も父母による子どもの共同養育をするという理念を示す言葉です。

では日本は違うのか？

日本は、父母が離婚すると夫婦関係は解消されますが、法律上の親子関係は消滅しません。したがって、日本は、離婚後も「親の子どもに対する責任」は継続しているのです。親権者になろうとなるまいと法律上の親としての責任はあるのです。

離婚後の子の養育法制の基礎基本は日本と欧米では、ほとんど違いはないと考えていいと思います。

日本では「単独親権」といっている。欧米では「同居親」といっている。では、日本の法制度で欧米のような状況を、今の法制度を改正しないで実現できるかというと、可能だと思います。これは先ほど強調しておきましたけれども、親権というのは parental authority です。監護というのは custody です。

親責任という言葉は日本にはありませんけれども、離婚しても法律上の親子関係については、なんら影響は生じません。したがって、扶養義務があります。死亡後の相続権もあります。

そういう意味で言うと、その parental responsibility という観点で見たときに、法律上の親子関係が継続する以上、当然法律上の親子関係から発生する責任というのは、日本でも存在しているわけです。

そういう中で日本では共同親権という形で議論しようとしている。

Joint parental authority、これでいいのでしょうか？

さらに、欧米は共同親権だから離婚後も父母が子どもの養育に関わって、父母が離婚後も継続して子どもの養育を続けていると言われるけれども、実は同居親のもとでほとんどの時間を過ごしている子が97%です。

父母が均等に子の養育にかかわっているのは僅か３%です。

オックスフォード大学から出されている *Family Policy Briefing* の７号（Caring for children after parental separation : world legislation for shared parenting time help children）なんですけれども、３人の先生が書かれています。このなかのMavis Maclean先生（オックスフォード大学）は、私も研究室を訪ねたこともあり、一緒に情報交換している先生ですけれども、イギリスの子ども法を作るときの立法にかかわったうちの一人です。

この論文の中に出ているのが、父母が均等に子の養育に関わっている割合が３%という数字です（https://www.nuffieldfoundation.org/wp-content/uploads/2011/05/Would-legislation-for-shared-parenting-time-help-childrenOXLAP-FPB-7.pdf）。

4　日本の現行法制で共同養育は実現できる

日本では民法819条で親権について「離婚又は認知の場合の親権者、離婚すると父母のいずれか一方を親権者に定めなければならない」と規定しています。

欧米だったらどうなっているかというと、離婚すると父母は居住環境が別々になりますから、Joint custodyを採用している国でも、どちらを同居親にするかを必ず決めます。

そして同居親のもとで子どもを成育（生育）して、別居親との面会交流をするということになるわけです。

そのときには、joint custodyではなくて、shared parental responsibilityです。custodyは監護ですからジョイントしないといけないんです。子どもが崖から落ちそうなときには手をがっちり組んで落ちないように保護して守らなきゃいけない。Custodyというのは元々は少年非行などのときに使われる言葉なのです。少年が、子どもが非行に走ったりしないように親が、しっかり手を携えて子どもを守らなければいけない。だからjoint custodyなのです。

responsibilityは、shared parental responsibilityという言い方をするんです。シェアハウスのshareです。ジョイントじゃないんです。なぜなら父親と母親とは、違うからです。婚姻しているときも父親としての関わり方、母親としての関わり方があり、父親・母親関係なく関わるときには親としての関わり方があります。離婚したら離れて暮らしますから同居親としての関わり方、別居親としての関わり方なんです。

だから民法819条の概念というのは、欧米の同居親の決定の考え方に非常に近いんです。その上で日本は民法776条でどのように書いてあるかというと、「離婚後の子の監護に関する事項の定め等」とあり、離婚後の監護に関する問題は協議で定めるとなっています。

つまり、このcustodyというのは監護で、欧米はjoint custodyです。しかし場合によっては、joint custodyが好ましくないときにはsole custodyを認めています。つまり単独監護です。そして、これは国や州によって違いますが、監護を担うのは必ずしも父母だけではないのです。祖父母も含めて、監護者として適任の者が子どもに関わりを持つのです。

日本は監護については「協議で定める」と規定しています。Joint custody（共同監護）とは明記してないけれども、sole custodyとも書いていないのです。このことからわかるように日本は「単独監護」制度ではないのです。

日本の制度では、766条の監護について必要な事項の定めとして、親権者とは別に監護者・監護すべき者を定めたらどうなるかというと、これは考え方が学者によっていくつかわかれていますが、親権者の有する監護の権利義務は全て監護者に移るという考え方と、単独親権者になった親権者は、監護者の行使する監護の権利義務を除く部分の監護の権利義務を留保するんだという考え方と、それから親権者と監護権者が共同して親権の効力としての監護の権利義務を２人で行使するんだという考え方の三つが主張されています。この３番目の定めをするのが欧米のjoint custodyです。

このように、離婚に際して父母のいずれか一方を親権者とする定めをした上で、その単独親権者となる者と協調協力して、子の健全な生育のために、子の最善の利益の観点から子の監護に関する事項について協議して、親権者とならなかった者を監護者とする定めがその人たちにはできるわけです。そうすると状況に応じて、ケース・バイ・ケースで、子どもへの対応ができるわけですから、今の民法766条で何ら問題はありません。

次に、766条の監護について必要な事項として、親権者の監護の権利義務の一部を親権者とならなかった者に与えるという協議をした場合、どうなるかというと、単独親権制のもとでの監護の分担です。したがって shared custody になるわけです。これまでも、子との面会交流についての定めができているわけですから、子の健全な生育にとって必要な面会交流、これを監護分担することは、今までもやってるわけです。現に、冒頭で紹介した３割程度の離婚した父母が、面会交流を行っているというデータがあるわけです。

３番目の選択肢として766条の監護についての必要な事項として親権者が単独で民法の第４章「親権」のところで規定する「監護教育の権利を有し義務を負う」というふうに決めた上で、親権者とならなかった者に、子の監護を親権者と共同で負担するという定めをしたらどうなるかというと、これはまさに、単独親権制のもとでの監護の共同です。

これは、欧米での共同監護に最も近い形で、この場合、欧米ではどうなってるかというと、日本でいうところの親権者は欧米諸国で同居親として定められている者というふうになるだけの話です。このように、日本の法制度で何ら問題はありません。欧米で離婚後に実現できていることは現行法でも十分可能です。

民法の親族編の第４章の「親権」で規定する「監護および教育」の権利義務の内容と、離婚または認知の場合で親権者以外の者が行使することを前提として、民法第４編「親族」第２章「婚姻」の第４節「離婚」の中の、そこで規定する監護の関係を、正確に理解すれば、日本の現行法で、何ら問題がないということがわかるはずです。

5 国連「児童の権利委員会」の勧告と日本の離婚後の子の養育法制の課題

国連の児童の権利委員会の勧告と、日本の離婚後の子の養育法制について少しお話をします。

共同親権の導入を求める人たちが、なぜ「国連が、日本に共同親権の導入をするように勧告をした」と主張するかという理由は立法事実の問題です。これまで立法事実がいろいろ主張されてきたのです。

まず「単独親権制が離婚紛争の激化を招致し、子の連れ去りや虚偽DVなどの原因となっている」との主張ですが、こういうことは残念ながら立法事実にはなりません。完全に否定されています。

次に「単独親権制度では面会交流が促進されない」という主張がありましたが、面会交流が促進されないのは単独親権制の問題ではありません。

また「単独親権制度では養育費の支払いが促進されない」とも主張されました。これに関しては、例えば、オーストラリアで共同養育を目指して養育時間をできるだけ均等にするように法改正をしたら、同居親の受け取る養育費が減額されて深刻な事態が発生しました。

更に、「単独親権制度は子の喪失感が大きい」という主張ですが、単独親権制だからではないんです。

「単独親権制度は子の虐待が見逃される」。これも、立法事実として主張されましたけれども、これについても、私以外の先行研究でいろんな先生がもう十分反証しています。

そして最後に出てきたのが、「諸外国の立法にならうべきだ」そして「国連の勧告」という立法事実があるんだ、というものです。

国連「児童の権利委員会」から「共同親権を認めるために離婚後の親子関係に関する法改正をすることが日本に勧告されて共同親権への民法改正という明確な立法事実が示されました」。これが、共同養育支援全国連絡会のホームページで公開されています。そこには「共同親権を認めるために、離婚後の親子関係に関する法律を改正することが、2019年の国連の子どもの権利委員会の第80回総括所見で示された」と表示されています。

国連「児童の権利委員会」の勧告はこれまでたびたび出されてます。１回目は1998年、２回目は2004年、３回目は2010年。しかし、ここで継続して出されてるのは何かというと、養育費などをきちんと支払うように対応しなさいということです。

日弁連も2020年11月15日に「養育費不払いの解消の方策」という勧告を出していますが、ご覧になってみてください。この日弁連の出したこの勧告こそ、国連の勧告に沿っているんです。

第４回、第５回勧告について、日本政府報告は外務省ホームページで公表していますが、ここには共同親権を導入する法改正をするようにということは書かれてません（https://www.mofa.go.jp/mofaj/files/000272180.pdf）。

国連「児童の権利委員会」で、議論されていることを少し紹介します。そこでのガゾーバ委員の発言です。

国連が公表している国連TVで皆さんも自分で確認できますが、「日本の法律では、親子関係がどのように規定されているのか、特に特定の児童の利益が損なわれそうな場合に代替的制度が全体としてどのように準備されているのかについて懸念を抱いています」とおっしゃっていました。その後続けて、離婚した父母による「共同監護」、はっきりと「joint custody」と言っているのです。「離婚した父母による共同監護を認めない規定を改正する予定はあるんでしょうか」と言っているのです。つまり、国連児童の権利委員会で委員を務めているカゾーバ委員は、日本では共同監護が認められていないと思っているのです。しかし、このような理解は誤り、少なくとも不正解で民法766条では共同監護は否定されていません。

そしてさらにガゾーバ委員はこういうふうに言っています。「単独監護の場合、監護親とならなかった父母の一方が子と面会交流ができるようにして、また子が非監護親または別居親として、意義のある接触ができるようにするように法律を改正する予定はあるのでしょうか」と言っているのです。何を意味しているかというと、彼女は続けて、「日本の現状では父母が離婚した場合には、いずれか一方だけが子との関係を断絶され、永遠に引き離されてしまっていると私は理解しています。少なくとも法律的な観点から見た場合には、そのように解釈されます」。

児童の権利委員会のガゾーバ委員の発言を、通訳の人がこのように訳してます。親権という言葉は一切使っていません。委員が使っている文言は監護です。

それに対して、法務省はどういうふうに答えているかというと、日本の代表団は次のように答えています。

「離婚後の、共同監護制度を日本に導入するかどうかについては、国民の間に様々な意見が見られます」。ここでも、「共同監護」と言っているのです。「親権」という言葉は使ってないのです。日本では共同監護制はすでに存在しています。否定されていませんから。

そして、日本政府が答えた後で、カゾーバ委員がさらに重ねています。「離婚後の状況についてお尋ねします。共同監護が良い考えであるということについては、日本政府は賛成ではないというふうなお答えをいただきました。しかしながら子どもが非監護親との連絡を維持する権利を全く失っているという現状を改善するつもりはないんでしょうか」と聞いてます。

これに対して日本政府はどういうふうに言っているかというと、「カゾーバ委員から離婚後に生物学的な親が子と会う権利について質問されましたが、日本では今のところ、共同監護は認められておりませんが、法務省から説明したように、永遠に議論しないということではありません」と答えています。

この議論の後で、勧告が出されたんです、勧告の内容を見ておきますね。

この勧告のF（下記外務省ホームページリンク、7ページ参照）のところです。児童の権利条約の5条、9条、11条、18条の1項2項、20条、21条、25条および27条関係で、このように書いてあります。皆さんも外務省のホームページでご覧になれますので確認してみてください https://www.mofa.go.jp/mofaj/files/100078749.pdf。

この勧告のF1によると「委員会は、締約国が」とありますが、これは日本のことです。

「児童の権利委員会としては日本が以下のことを行うために」、ここからです、「十分な人的資源、技術的資源および財源に裏付けられたあらゆる必要な措置を取るように勧告をする」といった内容です。勧告の内容はこれなのです。

その中の第1番目。

「仕事と家庭生活との適切なバランスを促進すること等の手段によって家

族の支援や強化を図り、また、とりわけ児童の遺棄や施設措置を防止するため、困窮している家族に対して十分な社会的援助、心理社会的支援や指導を提供すること。」

そして２番目として、児童の最善の利益である場合という条件付きで、「外国籍の親も含めて児童の共同養育を認めるため、離婚後の親子関係について定めた法令を改正し、また、非同居親との人的な関係及び直接の接触を維持するための児童の権利が定期的に行使できることを確保すること」。国連「児童の権利委員会」としては、そういうことができるように、人的財源・技術的資源、そういったものをきちんと整備しなさいと言っているのです。

日本では養育費の取り立ても十分にはできていません。面会交流に関しても当事者だけでできない場合の支援体制は全く貧弱です。

この問題に関しての相談も適切になされていません。

国連「児童の権利委員会」はそういうことをこそやるべきだと勧告しているのです。

国連「児童の権利委員会」での審議の経緯および勧告の内容を正確に把握したらおわかりのとおり、離婚後に子の養育を父母がどのようにして協調協力して担っていくようにすべきかということが、委員会では検討されています。そこで問題とされているのは親権ではありません。「監護」です。

これに関しては、日本の制度について、児童の権利委員会の委員、さきほどの質問をしていたカゾーバ委員ですけども、おわかりのとおり、日本の離婚後の子の養育法制についての認識の誤り、また少なくとも不十分さがあります。

日本政府としてはこういうふうに答えるべきだったと思います。

「日本では父母が離婚したとしても、親と子との、法律上の親子関係はそれまでどおり継続する」ということを明確に説明しなくてはいけなかった。この点については「欧米と一緒です」と。

「離婚後に親権は確かに父母のいずれか一方に定め、多くの場合その者が同居親として、また子の法定代理人として子の養育について主たる責任を負う制度です」と説明すべきでした。

「ただし監護に関しては父母が協議で定めると規定されているだけで、多くの場合、親権者となった父母の一方が子と同居して主たる監護者となり、親権者とならなかった方の父母であっても、面会交流を含めて別居親としてまた従たる監護者として、子の監護を行うことは何ら否定されていません」と明確に説明しなければいけなかったと思います。

審議において、日本の離婚後の法制度が欧米諸国の制度と大きな違いはないということをはっきりと説明しなくてはいけなかったのです。

離婚後の子の健全な生育を実現するためには、欧米諸国は共同親権ではなくて「共同監護」制を一時採用しました。しかし深刻な問題が発生したので、「親責任」という考え方に変えました。さらに、ケアとかペアレンティングという、より権利性を後退させていく形での対応をしているわけです。

共同監護制の場合も、同居親と別居親が存在します。日本の場合はこの同居親というのを親権者ととらえているわけで、この同居親と親権者というのは非常に近い概念です。

こう考えると日本の制度と欧米の制度には大きな違いはありません。

では、欧米諸国で日本の「親子断絶防止法案」のような考え方を推進した結果として、どのような問題が発生したかについて理解する必要があります。これは特に日本の、「親子断絶防止法案」の立法化を推進しようという人たちに考えてもらいたい点です。

欧米諸国、特にオーストラリアでは、子と会う機会がない、または少ない、何らかの理由があって面会交流を制限されている別居親の強い要望とロビイングがあって、強い養育分担の要求があって、2006年の家族法改正で、「共同監護者の責任法」というのが作られました。

法改正の目標とされたのは、できるだけ子どもの養育時間の均等な配分、父親と母親が同じ時間子どもと関わるようにしましょうという法改正をしました。その結果どうなったか。

全体としては、養育分担の実情にはほとんど変化はありませんでした。ただし、葛藤のある事例、つまり話し合いで解決できない人たちはどうなったかというと、この人たちの中で養育分担に顕著な変化が現れました。つまり別居親の養育分担時間の比率が飛躍的に高まりました。そして、裁判で子の養育について争う父母が激増しました。話し合いで解決できた人たちまでも裁判で争うようになりました。様々な対立が、DVとか児童虐待を含めて起こりました。

結果として、どんな問題が顕在したかというと、同居親である父母がDVとか児童虐待の問題の開示に抑制的になりました。なぜなら2006年法でフレンドリーペアレント条項が明記されていたからです。「フレンドリーペアレント条項」とは、離婚後も、親子の交流の継続が子の健全な成育（生育）につながり、子の最善の利益を実現できるので、「別居親と子との面会交流等に積極的な親が同居親として子の主たる養育責任を担う『フレンドリー』な『ペアレント』である」という考え方です。

同居親になることを求める側で、「DVを受けている・子どもの虐待がある。だから、面会交流はできるだけ慎重にならなければいけない」ということを、裁判所で主張します。DVも虐待も密室で行われます。裁判で立証するためには明確な証拠を示さなくてはいけません。そういう主張をして明確な証拠が示されなかったらどういうふうに捉えられたかというと、DVとか虐待がないにもかかわらず、そういうことを理由に面会交流を制限している「アン・フレンドリー」な親だというふうに裁判所に認定されて、相手方が同居親に変更されてしまう結果を招くことになってしまう。

そういうことを恐れて、同居親として子どもを育てることを確保するために、あえてDVとか児童虐待とかということを主張しない。主張するとかえって、同居親として子どもの養育を続けていくということが、できなくなってしまう。このような考えから、実際にはDVや虐待がある場合でも、あえて、それは主張しないという選択をしてしまったということです。

養育費についてはさっきお話をしましたけども、財産分与も含めて、これらが交渉材料に、出てくるようになりました。日本でもそうです。

離婚後の父母による均等なかかわりの継続による子どもの養育を目指した法改正により、子どもの養育問題の解決が非常に困難になりました。従来であれば協調協力して、話し合いで解決できたような人たちにまで、紛争が拡大してきました。

その結果、2011年の法改正でDVの定義を拡大して、DV・児童虐待の告知義務を課し、子どもの安全を最優先にするようにして、親の権利性をできるだけ軽減する形での法改正をしたわけです。

オーストラリアではその法改正後にさらに2019年の報告書では、子どもと親との面会交流の継続が子の健全な成育（生育）、子の最善の利益であるという考え方自体についての検討が必要であるということが提示されました。

諸外国では、共同監護や親責任分担という考え方を導入する際に、離婚原因から有責性が完全に払拭されています。裁判所では離婚自体の問題は争わないのです。互いに相手を攻撃したりしないんです。そのために、法定別居制度が導入されています。

できるだけ紛争性を軽減するという法改正がされ、子どもの養育費の支払いは確保され、履行確保の制度もできています。そういう国や地域でも、共同監護を推進する制度を導入したために、様々な問題が顕在化しました。その後、そういう問題の解決のために親の権利性を軽減払拭していくという努力をずっと続けてきているわけです。

そういう中で、日本で共同親権を導入するということが報道されたので、驚きました。日本にはまだ有責主義的な離婚原因が残っています。裁判で争うとなると、相手方の有責性の追及が行われます。離婚慰謝料もあります。子どもの養育費については、非常に厳しい状況にあります。その他諸々の問題があってそれらが解決されてない中で、「joint parental authority」「共同親権制」を導入すれば問題が解決するという主張がなされる。子の最善の利益、子の健全な成育（生育）、父母が離婚後も協調協力して子を養育していく、そのためには何が必要かを考える必要があります。国連で勧告されている離別前・離別時のアプローチについて検討することが求められています。離別前後の支援体制こそが重要です。問題は単独親権か共同親権かではないのです。

6　共同親権制の危険性

最後に、共同親権の危険性についてです。

Dastardly Dadsという資料があります。ここで取り上げられている記事の内容ですが2009年から2016年までのデータが挙げられているのですが、こういうことが書かれています。

アメリカで新聞報道された父親と子どもの虐待に関する事件は10,500件ほどにも及ぶ。家庭裁判所、ソーシャルサービス、各種専門機関が関係することによって引き起こされた事件も数百件にのぼる。

アメリカで報道された父親による子の殺害事件、裁判所の命令にもとづく面会交流等に起因する、子や同居親が死亡する事件が2009年に76件、これ以降もずっと同じぐらいの数が挙げられていて、平均して年に68件も死亡事件があると報じられています。これは、報道されているものだけです。

オーストラリアで2006年法を抜本的に見直す2011年の法改正の要因になったのは、ダーシーちゃん殺害事件でした。これがオーストラリアにおける2006年の家族法改正の大きな契機になりました。どういう事件があったかというと、４歳のダーシー・フリーマンさんが、父親に殺害されたのです。

母親は非常に消極的だったにもかかわらず、裁判所によって、面会交流が命じられました。母親は、DVとか虐待の危険性があったけれども、2006年法で採用されていた「フレンドリー・ペアレント条項」のために、自分の不利になるということで、あえてDVや虐待の主張をしなかった。

そういう中で面会交流が行われ、家族の見ている目の前で、父親のところにいた４歳のダーシーちゃんを、父親が橋から川に投げ落として死亡させたという事件です。父親は警察に逮捕されました。なぜそういうことをやったかと聞かれました。そして、動機は「母親への復讐だった」と答えたと報道されてます。

この捜査のときの言葉を借りると「ダーシーは自分のかわいい子どもだったけれども、母親の悲しむ、苦しむ姿が見たかった」と父親は証言したそうです。母親との接触が制約されてますから、母親への攻撃を直接することができないので、ダーシーちゃんが犠牲になったのです。

日本の事件を思い出しますよね。2017年１月、長崎県の諫早市の母親が、元夫のところに子どもを面会交流させるために連れて行き、復讐の対象が目の前にいたので、この母親が殺されました。2017年４月、兵庫県の伊丹市で、離婚後の面会交流中だった父親と長女が死亡しているのが発見されました。この事件では父親が死亡しているから、なぜ長女を殺したかはわかりません。ただし、母親は面会交流には、積極的でした。母親によると、父親は非常に子どもをかわいがっているというふうにおっしゃってました。

では果たして、この父親が、子どもに向けた暴力というのは、本当は誰に向いていたんでしょうか。

そういったことも含めて、この共同親権導入の問題についての危険性を新聞記事（毎日新聞2020年２月11日「国の責務で家族支援を」）にも書いておきましたので、後で参照してみてください。

おわりに――イギリス司法省の報告書について

2020年の６月ですけれども、イギリスから300ページにも及ぶ報告書が出されました。

私たちが研究成果として出している本（『離婚後の子どもをどう守るか――「子どもの利益」と「親の利益」』，日本評論社）の重版ができたので次のように追記を書きました。

「オーストラリア法改正委員会は、『将来に向けての家族法改正』と題する最終レポートを公表し、子の最善の利益を向上させるべく、子の養育に関する取り決め、ペアレンティング・アレンジメントについての判断をする際の考慮事項を改めるよう勧告をしました。

どういうふうに改めるように言われたか。まず第１として、家族暴力・虐待その他の危害から、子と子の世話をする者の安全確保を最優先しなさい。

２番目として、子どもの意見を尊重しなさい。

３番目として、子が安全であることを前提として、親子の関わりの継続について検討すること。

こういうことが勧告されたのです。

イギリスではさきほど紹介した2020年の６月に離別後の子の養育に関する実証的研究に基づいて、『*Assessing Risk of Harm to Children and Parents in Private Law Children Cases Final Report*』と題する、最終報告書を、司法省から出しています。

報告書には離別後の子の養育に関して、父母間に対立がある場合には、イギリスにおいてそれまで採用されていた「親子の関わりの継続は原則として子の利益である」という、1989年の児童法のセクション1−2 のＡの推定についての見直しを促すと明記されています。

この推定から生じていると解される有害な影響に対処するために緊急な対応が必要であると、この報告書の中で書かれてます。

この勧告は先ほどの2019年のオーストラリアの報告書よりもさらに進んだものです。

つまり、父母が離婚後に子どもに関わることが、子どもの最善の利益につながるという考え方を根本から見直しなさいという勧告がなされたのです。

このイギリス司法省（2020）の報告書は、私たちの研究会（離婚後の子の養育法制研究会）で全部翻訳をいたしました。

「離婚後アビューズ情報センター」の「UK報告書」をクリックしていただくと、この報告書の全文がご覧いただけるようになっていますので、ぜひ参照してみてください（http://xs825343.xsrv.jp/blogs/blog_entries/view/12/9b81f52afc69f5a7ead0907b34676073?frame_id=29）。

時間が長くなってしまいましたけれども、私のお話は以上で終わらせていただきます。

果たして、欧米では芝生は青々としているのでしょうか。

花は綺麗なのでしょうか。

日本の自分の足元を、見ることの方が大事なのではないでしょうか。

ありがとうございました。

参考文献

⑴小川富之（2020）「共同親権制の議論について　⑴欧米諸国の多くでは共同親権制が採用されているか？」『戸籍』983号（令和２年６月号）13頁

⑵「共同親権制の議論について　②日本における離婚後の子の養育法制について――現行法を基にした共同養育の可能性」『戸籍』985号（令和２年８月号）20頁

⑶「共同親権制の議論について　③国連『児童の権利委員会』の勧告と日本の離婚後の子の養育法制の課題」『戸籍』987号（令和２年10月号）22頁

本稿は、2021年5月「あんしん・あんぜんに暮らしたい親子の会」での講演録をもとに加筆したものです。(編者注)

2 オーストラリアの家族法、面会交流などの制度、実情

石堂 典秀

はじめに

本日は、オーストラリアにおける子どもの共同監護に関する法改正についてお話しします。オーストラリアでは、共同監護ではなく「ペアレンティング」「親責任」という概念を採用しています。この法改正の問題点についてもお話しします。

オーストラリアは、1975年家族法（Family Law Act 1975）を改正し続けて現在に至ります。ご承知のように、オーストラリアは連邦制で、州法があり、州ごとに法律が違っています。オーストラリア家族法は連邦法で統一法ですが、DV関係については州法が適用されていたりします。

オーストラリアは人口が2,500万です。離婚件数でみると年間５万件弱です。離婚全体のうち子どもがいる夫婦の離婚の割合は、日本が58.1%ですが、オーストラリアは1975年の68%から2020年には49%と減少化傾向にあります。

オーストラリアでの離婚に関する裁判の流れですが、１年間の別居期間経過後に家庭裁判所に申立てをすることになります。オーストラリアでは、基本は、裁判離婚となりますが、多くの離婚事件は、裁判初日で結審されているようです。また、裁判外のメディエーション、調停によって和解のような形で離婚をすることもできます。この場合でも裁判所は合意命令という形で関与しています。

オーストラリアでは、2006年の家族法改正が離婚後の子の養育に関して大きな転換点だと言われています。オーストラリアも、離婚後も親は親なので、

共同監護、共同して子育てに当たるのが望ましいという考え方が当時ありました。ただ現実を見ていくと、共同監護ができる人たちは、自分たちで監護について決めていくのですが、他方で多くの人たちは、共同監護ができないということも明らかになり、共同監護という一つの理想形を放棄して、むしろ多様な家族のあり方があっても良いのではないかと考えられて、共同監護というワンサイズアプローチが放棄され、それに代わり、共同の親責任という概念が導入されました。そして、親たちが対立するのではなく、親自らが子どもの養育計画を策定する共同ペアレンティングプランの作成が奨励され、これをサポートするために、家族紛争解決サービスを提供する家族関係センター（Family Relationship Centres：FRC）が創設されました。FRCは、家族問題をワンストップのような形で、解決・処理するために、全国で65か所設置することとされました。そこでは、カウンセリング、子どもの養育計画（parenting plans）作成支援、面会交流、家庭内暴力予防、家族紛争解決などのサービスが提供されます。現在（2021年）では、FRCは、オーストラリア全土に106か所あるようです。

1　オーストラリア家族法における親責任と子どもの養育概念

オーストラリアの子どもの養育に関する条文の構造は少し複雑なものとなっています。家族法61DA条（「ペアレンティング命令を行う際の共有された平等の親の責任の推定」）第1項は、「裁判所は、子に関して養育命令を出す場合、子の親が子に対しての共有の平等な親責任を持つことが子の最善の利益であるという推定を適用しなければならない。」と規定しています。この規定を読むと、離婚する夫婦間において、子どもの監護に関して平等な地位を有しているようにみえます。しかし、実は、親責任とは、実際の子どもの監護や養育を行うことではなく、「法によって付与された、子どもに関して親が有する義務、権限、責任」（61B条）を意味すると規定されています。そのため、61DA条但書きのような形で、「この条項で規定されている推定は、セクション61Bで定義されているように、子どもに対する親の責任の割り当てにのみに関連する推定です。それは、子どもが各親と過ごす時間についての推定を提供しません（この問題はセクション65DAA Parenting ordersで扱われます)」とわざわざ断り書きをしています。

実際の子ども養育に関する規定は65DAA条になりますが、同条では、「裁判所は、特定の状況において、子どもが各親と同等の時間または実質的かつ重要な時間を費やしているとみなす」と規定しています。そこには「父母の平等な養育時間」と「実質的かつ相当な養育時間」という２つの選択肢があります。

「父母の平等な養育時間」について、第１項は以下のように規定しています。

(1) ペアレンティング命令が子の親が子に対して同等の共有の親責任を持つことを規定している（または規定する予定である）場合、裁判所は次のことを行わなければならない。

(a) 各親と平等な時間を過ごす子どもが子どもの最善の利益になるかどうかを検討する。

(b) 子どもが各親と同じ時間を過ごすことが合理的に実行可能かどうかを検討する。

(c) 上記のことが満たされる場合に、子どもが各親と平等な時間を過ごすように規定する命令を検討する。

この「平等な養育時間」条項に適合しない場合に、「実質的かつ相当な養育時間」が選択されることになりますので、基本的に「ゼロ養育時間」という選択肢はないことになります。また、この条項には、DVに関する言及はありません。65DAA条は「子どもの最善の利益」をベースに検討することになりますが、子どもの最善の利益の考慮事項については60CC条が規定しています。同条第２項は、最優先考慮事項として、「(a) 子の両親の双方と有意義な関係を持つことの子の利益」と「(b) 虐待、ネグレクト、または家庭内暴力に晒されることによる身体的または心理的危害から子どもを保護する必要性」を挙げています。そして、２次的考慮事項として14項目ありますが、その中の１つとしてファミリーバイオレンス命令が出されている場合を挙げています。しかし、その場合にも当該命令があることで加害者親との面会交流が即時に否定されるわけではなく、その (i) 命令の性質、(ii)

命令が出された状況、(iii) 命令の手続きで認められた証拠、(iv) 命令の手続きでの調査結果、(v) その他の関連事項を裁判所は検討する必要があると述べるに留まっています。その意味では、後述するように、子どもの監護養育にあたるうえで、DV加害者であることは重要なファクターとして機能しない可能性があります。

2　DVと州法

オーストラリアでは、ファミリーバイオレンス(家庭内暴力)について、日本の配偶者間暴力よりもかなり幅広い概念になっています。ファミリーバイオレンスとは、家族の一員を強制支配、あるいは畏怖させる暴力的脅迫的又はその他の行動と定義しています。具体例も紹介されていて、暴行や性的な暴行行為、それからストーカー行為、繰り返される軽蔑的な言動、あるいは故意に財産を破損させる行為、意図的な動物の殺傷行為、それから経済的自立を妨害するような行為、ネグレクトのような行為、さらに友人知人等の繋がりを邪魔するような行為も挙げられています。また、家族構成員の有する「家族の文化」を奪おうとする行為もファミリーバイオレンスに該当すると定義されています(家族法4AB条)。

実際にDVがあった場合、被害者は州の治安判事裁判所に申立て、保護命令を出してもらうことになります。その前段として、警察から被害の証明書や警告書を出してもらうことが必要です。これらの証明書は離婚の裁判や調停の場での面会交流を禁止してもらうことを認めてもらう証拠にもなります。

このDVの保護命令は、州によって少し手続きが異なりますがオーストラリア全体での保護命令の件数は約13万5,000件に上ります。たとえば、ビクトリア州ですが、警察へのDVの申告は8万8,000件と年々増えている傾向にあります。最終的に保護命令が出されてるのは約4万件です。また、ニューサウスウェールズ州では、1995年には8,400件だったDV保護命令が2020年には3万2,000件を超えています。保護命令が増加してきている状況は深刻な問題だと思います。

裁判所から、保護命令が出された場合ですが、加害者に対して、いわゆる接近禁止の他に、家族や友人等への連絡の禁止も含むことができます。これはDV加害者がDV被害者本人には接触できないので、友達などに頼んで、その被害者家族に接触しようとすることもあるので、その危険性がある場合の措置です。それからDV被害者の私物を取り戻すために、DV加害者を一時的に自宅から退去させる命令もあるようです。加害者の子どもへの面会の禁止や出生後の胎児を保護するための保護命令というのもあります。しかし、先ほどお話ししましたように、州裁判所の保護命令が出されていても、家庭裁判所は独自に面会交流を命じることができるという構造になっています。母親の面前で面会交流中だった4歳のダーシー・フリーマンちゃんが父親によって橋から投げ捨てられ死亡するという痛ましい事件を契機に、子どもの最善の利益条項改正やフレンドリーペアレント条項の削除などを内容とする法改正が2011年に行われました。

3 養育費改革

1989年に児童扶養法（Child Support（Assessment）Act 1989）が制定されました。この法制度は、別居親から養育料を徴収するのですが、養育料と子どもの監護時間がリンクされていて、例えば、別居親が子どもを預かって養育することで養育費が控除される仕組みになっています。例えば、別居親が子を金曜日の15時に預かって週末を過ごし、月曜日に学校に連れて行くという取り決めを父母間でしたとします。これをチャイルドサポートのホームページ上での表に監護時間を入力することにより、別居親（多くは父親）が支払う養育費の金額が自動的に計算されるという仕組みになっています。同制度のもとでは、別居親（多くは父親）が積極的に子育てに関わるという姿が想定されたわけです。それが上手く機能してる部分もありますが、逆に、対立を煽っていった面もあります。

オーストラリアでは、別居している父親が圧力団体を形成していって、自分たちは養育費をきちんと払ってるのに母親が子どもに会わせてくれないという声が高まっていきました。面会を妨害する母親に非常に問題がある、として、敵対的な母親像が流布されていきました。そしてこのような活動が2006年の法改正にも影響しました。

2006年の家族法では、「友好的な」親規定（フレンドリー・ペアレント・ルール）が創設されます。裁判所は、他方の親と子どもとの密接な関係を促進する各親の意欲について考慮することが求められました。そのため、監護親としては子どもが別居親と接するよう協力することが求められることになります。そして、これに反対する監護親は裁判所命令違反に問われることにもなります。

その意味では、養育費徴収制度は、家族法の改正に大きな影響を与えましたが、同制度のもと、子どもの養育が、時間単位というか、割合的なものとして捉えられていくようになっていきます。しかし、時間割のような子どもの養育形態が本来の子どもの監護と言えるのかもう少し検討していく必要があると思われます。

4　オーストラリアにおける離婚後の監護の実態

では、離婚家族の現実はどのようになっているのでしょうか。オーストラリアには、政府内に家族に関する調査研究の専門機関として Australian Institute of Family Studies（AIFS）があります。AIFS は、2015年に「離婚・別離した親の経験調査（Experiences of Separated Parents Study）」報告書を公刊しました。そこでは、約6,000人の離婚経験者を対象にそれぞれ2012年と2014年にアンケート調査が行われました。以下、この調査結果をもとにしながら、お話ししたいと思います。

AIFS の調査によれば、子どもの監護が父母間で平等に行われているという家族は全体の９％でした。また、父親が子どもの養育時間の半分以上を行っている家族は全体の15％でした。同調査においては、父親が子どもの養育監護に積極的に関与している家族というのは全体の４分の１ということになります。したがって、子どもの主たる養育者は圧倒的に母親が行っていることになります。もう少し詳しくこの母子家庭の状況をみていきたいと思います。先ほど述べましたように、オーストラリアでは、監護割合が細分化されています。母親監護100％の家庭が全体の28％を占めています。さらに、母親の監護87％以上（父親監護割合１％～13％）の家庭が12％、母親の監護66％以上（父親14～34％）が全体の35％となっています。

この監護形態と DV との関係をみてみますと、DV を申告した被害者女性のうち、監護割合100%の母親が全体の37%を占め、監護割合66%〜99%の母親が42%と、被害女性全体の8割を占めています。従って、母親が主たる監護者のケースにおいてDVの発生件数が多いことが分かります。この数値をみる限り、養育時間の少ない父親との接触機会を設けることがDVの機会を与えている可能性を示しているのではないでしょうか。この傾向は主たる養育者が父親の場合でもみられ、養育機会の少ない母親との間でのDV報告割合が増加しています。この調査結果からは必ずしも明らかではありませんが、養育機会の少ない親ということは、DVなどの問題を抱えている親である可能性が高いといえます。したがって、本来、接触すべきではない、あるいは特別な配慮が必要であるにもかかわらず面会交流が実施されているためにDV被害が生じているのかもしれません。

興味深いことに、AIFS調査によれば、離婚（別居）後に初めてDVが生じたと回答した父母はほとんどいませんでした。むしろ別居・離婚前からDV問題が発生しており、離婚後の親子の関係継続によりDV問題も継続しているとの回答が圧倒的でした。これは、身体的暴力の経験を問うアンケートでも別居前に回答が集中する傾向がみられています。DV問題は婚姻中に発生していて、これが離婚後にも継続していっているというのが実態のようです。

DV経験については、DVを経験したことがないと回答した父母は双方ともだいたい4割程度でした。したがって、残りの6割の父母は何らかの形でDVを経験していることになります。身体的虐待の経験については、父親16%、母親23%があると回答しています。一方、精神的虐待については、父親40%、母親37%があると報告されています。

その一方で、DVを経験しても報告しなかったとする親の割合も高く、父親については約70%、母親については約50%がDVについて報告をしなかったとしています。その理由としては、「報告するほど重大ではないと思った」「自分で処理できると思った」「サービスを望まなかった」「騒ぎを大きくしたくなかった」などの他、母親の中には「相手に対する恐怖心」を挙げている者も一定数います。その一方で、DVを報告した親たちの4割が報告しても「何も起こらなかった」と回答しており、DV問題に対するサポート体制が十分にできていないのではないかということが疑われます。いわゆる共同監護や面会交流を推進する上でこのようなサポート体制が整備されていないとすれば、被害者家族が危険な状態に置かれていることは想像に難くありません。

オーストラリアでは、FRCが、面会交流をする場所（コンタクトセンター）を運営しています。ここで面会交流が行われるので子や同居親の安全が守られていると言われています。しかし、AIFSの調査によれば、面会交流の現場で第三者の立会いがないものが87％を占めています。立会いがある場合でも親族の立会いが約半数を占めており、専門のセンターのサービスを受けている親は５％程度となっています。費用の問題がありますので、なかなかコンタクトセンターは使われていないのかもしれません。このような事情もあり、面会交流の現場は父母が直接相対する場となり、トラブルが絶えないということになります。面会交流を推進するのであれば、いかにDV被害者の安全を守るかということが基本的な前提条件と言えます。

最後に

日本においても共同親権を進めていく動きがありますが、何を目指してるのかということをもう一度ちょっと立ち止まって考えるべきだと思います。離婚後も父母で子どもの共同監護をするということが、ゴールになっているようですけれども、実はそこは、ゴールではないのではないか、特にDVがある家庭においてはそう思います。今、オーストラリアでは、暴力をふるった人を何とか改善して、家族関係が繋がるような加害者プログラムのようなものを作ってきているわけですけれども、本当に果たしてDVを治療することができるのか検証が必要だと思います。

オーストラリア法改正委員会（ALRC）は、2019年４月10日に議会に「将来に向けた家族法：家族法システムに関する調査（Family Law for the Future – An Inquiry into the Family Law System）」報告書を作成し、その中で60項目に及ぶ勧告案を提示しました。その勧告案の中で、セクション61DAが混乱を招くとして「平等な共有の親責任」の推定を廃止することを求めました。これに対して、政府は、「2006年の家族法の大幅な改革により、子どもたちにとって、安全な場所で両親との有意義な関係を維持することの重要性が強調されました。平等な共有の親責任の推定は、これらの改革の重要な特徴でした。 政府は、推定の根底にある方針に引き続きコミットします」と回答し、勧告を拒否しています。「覆水盆に返らず」と言いますが、オーストラリア政府はこぼれ続けているお盆に水を注ぎ続けているようにみえます。先の ALRC の報告書によれば、FRC の運営に毎年1,300万ドル（約12億円)、DV に関する州政府との情報交換システムに 1,100万ドル（約10億円）を費やしていて、DV家族の維持に膨大な費用を投入していると言えます。

本当は、離婚後の子どものいる家族の経済的自立をいかに支えるかということを考えていかないと、根本的な問題は解決していかないのではないかと思います。日本でも養育費の徴収制度が検討されているようですが、多くの場合は、離婚した父親の財布から養育費を徴収することになると思います。しかし、それは今まで一つの家族でいたからできたことであり、家族が二つになることで、このパイを分けるということには限界があると思います。少なくとも、子どもの養育費については国が子どもの養育費を保障・担保するような制度にしていかないと、十分な生活保障ができないのではないかと思います。日本やオーストラリアなど、別居親の養育費を当てにしてやっていく制度は、そもそも国による生活費の保障が不十分ななかで、限界があると思いますし、そのために親子関係を繋ぐためのツールとして共同親権、共同監護を発想すること自体問題性があり、「子どもの最善の利益」とはかけ離れたものではないでしょうか。本来は、子どもの生活保障がなされた上で、別の次元で離婚後の親子関係のあり方を考えていくべきなのではないでしょうか。

本稿は、2021年６月「あんしん・あんぜんに暮らしたい親子の会」での講演録をもとに加筆したものです。(編者注)

第3章

親権、面会交流に関する家裁実務からみえること

岡村 晴美

はじめに

令和3年3月より、離婚後の子どもの養育をめぐって、離婚及びこれに関連する制度の見直しを検討する法制審議会による審議が始まりました。そこでは、いわゆる「離婚後共同親権」の導入も論点となっています。

ところが、これまで、「日本では、離婚後、単独親権制度が取られていて、子どもが連れ去られたら、面会すらできない」という訴えをマスコミが取り上げる一方で、子どもを連れて別居する当事者の声は、ほとんど取り上げられてきませんでした。離婚事件の現場でDV被害者がどのように扱われ、DV家庭の子どもたちがどのような状況に置かれているのか、離婚後の子どもたちの現場をよく知る弁護士として発信する必要があると考えるようになりました。

ここからの話は、DV被害者の事件を取り扱う弁護士の視点から見た実情をお伝えするものであり、一方的な見方であろうと思います。しかし、DVに怯えて、子どものために我慢に我慢を重ねたうえで、同居を続けることが子どものためにならないのではないかと考え、最後の手段として子どもを連れて家を出た人たちに、「実子誘拐」「連れ去り」などの非難が加えられ、離婚後の「共同決定」「共同養育」が、当事者の意に反して強制されるようなことは、DV被害者を支援する立場の弁護士からは見過ごすことができません。

現行制度においても、離婚後に親子の交流をしたり、進路等の子どもに関わる事項を両親で相談したり、一緒に決定したりすることを任意で行うことについての制限はなく、離婚後の共同親権の法制化で最も影響を受けるのは、現行制度で親子の交流や両親の相談が困難な人たちとなることから、背景にDVや虐待がある事案こそ、法制化で最も影響を受けるであろうことが予想されます。

以下、DV事案の特徴に触れつつ離婚後の親権と面会交流に関する、弁護士の立場から見た家庭裁判所の実務について述べます。

■ 離婚後の親権について

⑴　離婚後の単独親権制度とは

親権とは、子の監護及び教育をする権利（民法820条）のほか、子の居所の指定（民法821条）、子に対する懲戒（民法822条）、子が職業を営むことの許可等（民法823条）、子の財産の管理及び同財産に関する法律行為についての代表（民法824条）をする各権限をいいます。親権について、現在の日本の法制度では、婚姻時は共同親権制度が取られていますが、離婚時に単独親権とすることが定められており、戸籍の記載上、どちらかの親を親権者として記載する必要があります。どちらの親を親権者とするのかについて合意があればそれに従いますが、合意がなければ、家庭裁判所が指定することになります。ここで、離婚後の子の監護に関する事項については、民法766条に規定があるので、離婚後の親権というときには、財産管理を含む重要事項に関する決定権を指すと考えるのが一般的です。

離婚後の親権制度として、単独親権制度が取られている理由について、裁判例は、「離婚後の父母に任意の協力関係が望めない場合が例外的であるとはいい難く、むしろ、父母が離婚した場合には、通常、父母が別居し、両名の人間関係も必ずしも良好なものではない状況となることが想定される」ことの配慮によるものとしています（東京高等裁判所令和３年10月28日判決）。

⑵　単独親権制度と「親権者と監護権者の分属」

上記のとおり、現行法は、離婚後の親権について単独親権制度を採用しているものの、親権者と監護権者を別の親に指定することもできる規定となっています（民法766条、819条）。これを、「親権者と監護権者の分属」と言います。この規定を利用すれば、子どもに関する重要事項や財産管理に関して、監護親でない親権者がその決定権をもつことができます。つまり、監護を担当する同居親に対して、別居親の意思を及ぼすことができるということになるため、「親権者と監護権者の分属」の利用により、共同親権が導入された場合に近い結果が得られることになります。しかし、この規定はほとんど使われていません。

その理由として、以下のような不都合が指摘されています。例えば、進学を例にとると、監護親が、子どもの希望をかなえようにも、親権を持たないために、一緒に暮らしていない「親権者」の許可を得なければならず、「親権者」と連絡がとれなくなった場合には、見つかるまで進路を決定できない事態となる恐れがあります。日本の入試制度において、迅速な意思決定が必要である場面は非常に多く、臨機応変な決定が困難となれば、子どもにとっては安心して受験勉強に集中することができないということになりかねません。

また、親同士の教育方針が異なっているような場合では、争うばかりで何も決められないという事態を招くでしょう。別居親が支配的な意図に基づいて、「親権者と監護権者の分属」を利用するような場合には、親権者の同意を得るために子どもの意に沿わない面会交流を強要されるような事態も起こりえます。

こうした不都合が起こりうることの懸念から、これまで、「親権者と監護権者の分属」はほとんど利用されてきませんでした。ここで、留意すべきことは、単独親権制度のもとでも、離婚後の父と母が協力的な関係を築いている場合には、子どもに関する重要事項や財産管理に関して、父母で相談して意思決定をすることは自由であるということです。家庭裁判所が、「親権者と監護権者の分属」ができるにもかかわらず、これを利用せず、子どもに関する意思決定に別居親の関与を命じることに抑制的であるのは、離婚後に、家庭裁判所に持ち込まれるような任意の協力体制がない事案において、関係性が良好でない別居親の同意を得なければならないとすれば、子どもの意思決定に際して阻害的に働き、ひいては子どものためにならない事態を招くことへの懸念によります。

そういう配慮からすると、離婚後に単独親権制度が採用されていることは、離婚後の父母が公平に子どもに関わる利益よりも、子どもの利益を優先する考えに基づいているといえるでしょう。

⑶ 「主たる監護者」を親権者に指定するという考え方

では、離婚後の親権は、どのようにして決まるのでしょう。離婚後に、どちらの親を親権者と定めるのかにあたっては、父母それぞれの意向、今までの養育状況、双方の経済力や家庭環境等の他、子の福祉の観点から、子どもの年齢、性別、性格、就学の有無、生活環境等の事情をふまえ、子どもの意向をも尊重して、決定時における子どもの最善の利益に適うかどうかという観点で検討すると説明されることが一般的です。その中でも、家庭裁判所が重きをおいているのが、「主たる監護者」という考え方です。

「主たる監護者」とは、別居前、もしくは別居後に、主に育児や家事を担っていた者をいいます。子どもにとって、離婚前と離婚後で監護者が変化することは望ましいことではないという観点から、実務上とられている運用であり、「監護の継続性」と呼ばれることもあります。家庭裁判所が、「主たる監護者」を重視することは、子どもにとって最善の利益を図ることを目的としています。子どもが生まれた時点から、同居中の監護の状態を含めて総合的に評価され（東京高判平成29年１月26日判時2325号78頁）、子どもを中心に考えた視点から審理がすすめられています。

この考えは、別居後の、子の監護者指定の申立て事案の判断においても採用されており、同様の運用がなされています。別居後の、子の監護者指定の申立てにおいては、離婚後の親権とは異なり、規定上、必ずしも、単独の監護者を指定しなければならないわけではありませんが、通常は、一方のみが監護者として指定されます。家庭裁判所に紛争として持ち込まれる事案で、別居中の夫婦に共同監護を命令することが子どもの最善の利益に適う事案というのは、かなり限定的だと思われます。

(4) 「連れ去り勝ち」という誤解

ところで、「主たる監護者」という考えに対しては、子連れ別居の事案においては、別居後の監護者が主たる監護者とされてしまい、いわゆる「連れ去り勝ち」の運用であるという指摘をされることがあります。しかし、それは不正確な捉え方であり、世間の誤解を招いているところでもあります。家庭裁判所の実務において、同居親が監護者と指定されやすいことは事実ですが、それは、離婚後に親権者と指定されるであろう者が、子どもを連れて別居にいたっている事案が多いという実情によります。

もし、親権者に相応しくない者が子どもを連れて別居にいたった場合には、別居親は、婚姻中であっても、同居親に対して、監護者指定・子の引渡しの申立てをすることができます。別居後すみやかに申立てがなされていれば、別居後の事情はほとんど顧みられることはありませんし、不適切な「連れ去り」は、親権や監護者を決めるうえでも、後に述べる面会交流を決めるうえでも、不利な事情として取り扱われることになります（注：弁護士に相談することに躊躇して、別居後、すみやかに監護者指定・子の引渡しの申立てがとられない事案については、司法へのアクセスの容易化や法テラスによる弁護士費用の軽減措置等について、一層の充実を図ることが必要でしょう）。

⑸ 「母親が有利」という誤解

また、親権が争われる事案において、実務上、母親が親権者と定められる事案が多いことから、母親（女性）が有利なのではないかと言われることがありますが、それも不正確な捉え方です。「ワンオペ育児」という言葉が象徴するとおり、日本社会において、父親（男性）が家事や育児に従事する時間は、日本の母親（女性）に比べて大幅に少ない傾向にあります。母親が親権者と定められる事案が多いことは、家事・育児のかなりの部分を母親（女性）が担っていることを背景として、別居前の主たる監護者が母親（女性）であるという実態を踏まえた結果であるというべきでしょう。

⑹ 親権争いにおいてDVは争点になってきたか

上記のとおり、親権者や監護者を決定するにあたって、家庭裁判所は、「主たる監護者」という考え方を中心として、決定時における子どもの最善の利益に適うかどうかという観点から検討するという立場をとってきました。同居中にDVが存在していたとしても、それは、事情の一つにすぎず、さほど重視されず、むしろ、子どもの養育者に相応しいのはどちらかということが重要な争点となりました。

さらに、前述のとおり、親権者に相応しくない者が子どもを連れて別居にいたった場合には、離婚訴訟になる前に、別居親から同居親に対して、監護者指定・子の引渡しの申立てが起こることも多く、その場合は、その手続きで決定した監護者が親権者と認められることとなります。それ以外の事案では、調停前置主義のもと、離婚訴訟となる頃には別居後の監護が相当長期間継続していることから、養育上の問題がなければ同居親が親権者と認められやすくなります。そのため、離婚訴訟において、DV の有無を争点として親権が激しく争われることはほとんど生じていません。

仮に、共同親権が原則になれば、DV事案を共同親権から排除するためには、「共同」ができないことを基礎づける事情について、DV被害者が主張・立証せざるを得なくなることでしょう。「共同親権を受け入れるのか、監護者の単独親権を希望するのか」という親権争いが生じることとなり、DV や虐待の有無をめぐって、現在より熾烈な争いになることが予想されます。さらに踏み込めば、DV や虐待が立証できなかった場合には、虚偽DV を主張する非友好的な親であるとみなされ、加害者の単独親権を指定されるリスクもあることを考えると、DV や虐待の被害者が被害を覆い隠して共同親権を受け入れる、もしくは、離婚自体を諦めて加害者のもとに戻るという事態も危惧されるところです。

⑺　離婚後の子どもと別居親の関わり

以上、離婚後の親権者指定と別居後の監護者指定に関する家庭裁判所の運用についてお話ししてきましたが、離婚後の子どもと別居親の関わりについては、非親権者だからといって認められないというものではありません。財産管理を含む重要事項に関する決定についても、当事者双方の希望があれば、父母で話し合って決めることも可能です。また、面会交流や養育費の支払い等、監護に関する事項については、民法766条に規定があり、子の利益を最も優先して考慮しなければならないとされています。つまり、父母ともに子どもに関心があり、離婚後も相互に協力し合える関係があるならば、共同で子育てをすることに法的制限はなく、離婚後の共同決定、共同監護、共同養育については、現行法のもとでも、自由に定めることができます。

なかでも、監護に関する事項について協議が整わない場合には、家庭裁判所がそれを命じることもできますが、現時点で、裁判所の命令は後述する面会交流にとどまっており、欧米のような共同監護（交替監護を含む）を命じる裁判例は見られません。それは、共同監護（交替監護）が子どものためになる前提として、協力的な人間関係が、同居親と別居親に維持できていることが必要だと考えられているからであろうと思います。父母に協力関係がなく、重要事項の共同決定や共同監護の合意ができない場合に、別居親に、深い関与を認めれば、離婚後においても子どもが父母の対立に巻き込まれることが懸念されます。協力関係のない父母間で監護に必要な情報共有や相談をすることも非現実的でしょう。子どもの監護に関する方針に一貫性がない父母の間で、共同監護がなされるようなことがあれば、子どもは戸惑い、不安をおぼえ、安定した発達を妨げるという弊害も生じるでしょう。離婚後の父母間で協力関係が築けない場合に、父母間の葛藤を下げるための説得が功を奏するような場合は、調停で合意による解決が可能でしょうが、それもかなわず審判となるような事案では、家庭裁判所が、父母に共同監護を命令することには慎重な立場をとらざるを得ないと考えます。

以上のとおり、親権者と別居後の監護者に関する運用において、家庭裁判所は、「親権者と監護権者の分属」や共同監護・共同養育について、当事者の意思によらない審判という形で命じることについては抑制的であり、親権者（監護者）のもとで、子どもが安定して成長することを尊重する方針をとってきました。そのため、実務上、離婚後の子どもと別居親との関わりについて、最も大きなテーマとなってきたのは、「面会交流について」ということになります。

2　面会交流について

(1)「面会交流原則実施論」と呼ばれる運用がもたらしたもの

離婚後の子どもが別居した親とどのように関わるのかに関しては、細矢ら(2012) が発表されています。同論文を発表した狙いがどこにあったのかは措くとして、この論文が実務に与えた影響は非常に大きく、この論文が発表されたのを機に、家庭裁判所の実務において、別居親が面会交流を申立てた場合には、面会交流を禁止するべき特別の事情がない限り、直接の面会交流を実施すべきという方針がとられるようになりました。「面会交流原則実施論」と呼ばれる運用です。

こうした運用は、上記の論文でも触れられているとおり、「子は、別居親と適切な形で面会交流することにより、どちらの親からも愛されているという安心感を得ることができ、父母の不和による別居に伴う喪失感やこれによる不安定な心理状態を回復させ、自己のアイデンティティの確立を図ることができる。したがって、子と別居親との適切な面会交流は、基本的には子の健全な成長に有益なものということができる」という理解を前提として全国的に広まっていきました。

この運用に対しては、当初より、DV被害者を支援している弁護士から不安の声があがっていました。しかし、「非監護親による虐待のおそれ」「非監護親の監護親に対する暴力等」「子の拒絶等」などの「禁止・制限すべき事由」がある場合や、「面会交流の実施がかえって子の福祉を害するといえる特段の事情」がある場合は除外できるとされていたことから、一見すると難がなく、一般的には良いこととして受け入れられました。その結果、家庭裁判所の実務において、当初から面会交流を実施することを前提とした調停運営がなされ、面会交流を禁止するべき特別の事情が認められない限り、面会交流を実施しなければならないとの立場から、同居親に対して面会交流に応じるよう強力な説得が行われるようになりました。

面会交流の実施が最優先であるかのような運用は、「子どもは多くの大人に愛された方が良く、別居親との面会交流は子どものためになるという価値観」と両輪となって広まっていき、その結果、DVの申告があった事案でも正当化されていきました。DV被害者であっても、原則として面会交流を拒むことはできず、調停において当事者が受ける圧力には抗いがたいものがありました。こうして、面会交流を禁止すべき特別の事情の主張・立証責任は、事実上、同居親が負うことになっていったのです。

こうした流れができると、論文で「禁止・制限すべき事由」とされていたはずの、「非監護親による虐待のおそれ」「非監護親の監護親に対する暴力等」「子の拒絶等」は、いずれも軽視されるようになりました。「原則実施」という流れはさらに加速していったのです。

⑵「非監護親による虐待のおそれ」の軽視

細矢ら（2012）では、「非監護親による虐待のおそれ」がある場合は、面会交流を禁止・制限するべき事由とされていましたが、実際には、面会交流はできるものならした方がよいという「理念」のもと、「どんな親でも親は親だから」「虐待をされてきたからこそ、面会交流を通じて親子関係を修復した方が子どもにとって幸せではないか」などという言葉で、子どもに対して虐待を行っていたような場合でも、面会交流に応じるよう説得がされるようになりました。

性虐待があった事案ですら、家庭裁判所の調査官から、「直接に面会できないことは無理からぬことなので、間接交流から始めてみてはどうでしょう」と言われることがありました。虐待を理由に子どもが面会を拒んでいる事案ですら「父子関係を修復できたら、子どもの力になると思います」と調停委員が監護親を説得することもありました。特別に非常識な人間性の調査官や調停委員がこうした発言をしていたというわけではなく、真面目であるがゆえに、子どもの面会交流ありきの方針に忠実に従って発せられた言葉だったと思います。

また、子どもが両親のいさかいを目にする面前DVが、子どもにとって児童虐待であるということも軽視されました。児童虐待防止法は、平成16年の改正で、子どもの面前で配偶者や家族に対して暴力をふるうこと（面前DV）は、心理的虐待にあたると規定しました。平成25年12月には、警察がDV事案への積極的な介入及び体制を確立したことに伴い、警察から児童相談所への児童虐待通告数における面前DVの割合は増加し、全体の4割以上を占めるにいたっています（警察庁生活安全局少年課「令和3年における少年非行、児童虐待及び子供の性被害の状況」（令和4年3月）、https://www.npa.go.jp/bureau/safetylife/syonen/pdf-r3-syonenhikoujyokyo.pdf）。

ところが、調停の場面では、面前DVがあることに争いのない事案についても、「DVがあっても、親は親」「夫婦の問題と親子の問題は別」、という説得をたびたび経験しました。弁護士がついていれば、異を唱えることもできますが、弁護士をつけていない当事者は、その言葉に従わざるをえなかったのではないかと思います。DVと児童虐待の関係については、内閣府の政府広報（https://www.gender.go.jp/policy/no_violence/dv-child_abuse/index.html）が詳しく、「DVが起きている家庭では、子どもに対する暴力が同時に行われている場合があります。（中略）また、DVを受けている人は、加害者に対する恐怖心などから、子どもに対する暴力を制止できなくなる場合があります」と説明したうえで、DVが子どもに与える影響として、空想の世界への避難、激しい怒り、常に緊張を強いられ、安全感や安心感が育たない、他者を信頼できない、楽しいときがいつ崩れるか分からない不安で楽しめない、自分がDVの原因だと思う、罪悪感やDVをとめられない無力感を感じる、自己評価が低くなる、強者が弱者を支配するのが当然、「弱いこと」が悪いことと考えるようになる等を挙げています。

行政機関に相談し、面前DVが重視され、子どものために逃げるようアドバイスを受けて家を出ても、家庭裁判所で、「どんな親でも親は親」と言われ、離婚後も、面会交流という形で、加害者との接触を続けないといけないという現実は、多くのDV被害者を困惑させ、失望させてきました。

⑶「非監護親の監護親に対する暴力等」の軽視

細矢ら（2012）では、「非監護親の監護親に対する暴力等」がある場合も、面会交流を禁止・制限すべき事由とされていたはずですが、DVの存在については、軽視というよりは無視に近く、ほとんど空文化していました。DVを論点としようにも、調停では、「夫婦の問題と親子は別」「過去のことよりこれからのことを考えましょう」「相手を刺激しない方がいい」などと言われ、同居中の暴力について主張すらさせてもらえない、主張したところで論点として取り上げられないという状況が続きました。

これは、面会交流の事件が、調停が不成立になると訴訟ではなく、審判という簡易な方法で判断されるという構造上の問題でもあり、DVを争点としたとしても、それを認定するには、加害者とされた者にとって手続保障が不十分であるという側面があることとも関係しています。刑事事件で有罪となったり、保護命令が出ているような事案を除いて、家庭裁判所はDVの認定には謙抑的で、とりわけ非身体的暴力についてその傾向が顕著でした。

DVとは、家庭内での権力格差を背景として行われる「支配」です。権力によってパートナーを支配する人間関係の構造そのものがDVであり、「暴力」は、「支配」の手段にすぎません。「DV」という言葉の認知度はあがってきたものの、その本質が、個人の尊厳を害する「支配」であるということについての理解は、社会においても、司法においても著しく遅れています。

支配の手段となる「暴力」は、身体的暴力に限られず、暴言や威圧などの精神的暴力も、支配の手段となり得ます。それは、「密室」で、「密接」かつ

「継続的」な人間関係が構築される集団において、権力格差を背景に生じる「支配」であって、学校でのいじめや、職場のパワーハラスメントにも同様にあてはまります。しかし、学校でのいじめや、職場のパワーハラスメントの場合と異なり、DV に関しては、「DV とは身体的暴力である」という誤解が生じています。

こうした誤解を招いた原因として、法律の規定の仕方にも問題があります。例えば、いじめ防止対策推進法には、「心理的又は物理的な影響を与える行為（インターネットを通じて行われるものを含む。）であって、当該行為の対象となった児童等が心身の苦痛を感じている」ものがいじめであると記載されています。パワハラ防止法には、「優越的な関係を背景とした言動であって、業務上必要かつ相当な範囲を超えたものにより、その雇用する労働者の就業環境が害される」ものがパワーハラスメントであると記載されています。つまり、学校のいじめや、職場のパワーハラスメントの定義は、身体的暴力を中心にしたものとして規定されていません。いじめやパワーハラスメントが、身体的暴力をともなわないものであったとしても、人の心を簡単に壊してしまうことはすでに社会の共通認識となっています。

ところが、DV防止法には、「配偶者からの身体に対する暴力（身体に対する不法な攻撃であって生命又は身体に危害を及ぼすものをいう。以下同じ）又はこれに準ずる心身に有害な影響を及ぼす言動」と記載され、身体的暴力がDVの中核であるように定義づけされています。司法判断も、この定義に引っ張られ、精神的暴力については、身体的暴力に準ずるものであるという枠組みで判断してきました。これにより、司法にも、「DV＝身体的暴力」であるかのような誤解が生じているように思います。保護命令に関する判断でも、「殴るぞ」「殺すぞ」等の生命・身体に危険が及ぶ言葉がないと「暴力」として認められない運用が続いてきました。

配偶者から発せられる、いわゆる「上から目線」でのきつい言い方や威圧的な態度は、精神的暴力に該当しますが、「暴力」ととらえられないまま、「よくある夫婦喧嘩」と評価されてきました。家庭生活のなかで、「バカなの？」「俺と同じだけ稼いでから言えよ」「イライラさせるな」「頭悪いな」「めんどくさい」「言うこときいてりゃいいんだよ」「口答えするな」「ブス」「デブ」などという言葉を日常的に言われることは、決して、軽いDVではありません。学校や職場でこのようなことが起こったらいじめやパワーハラスメントとして問題視される言葉から受けるストレスの積み重ねが、家族間においても深刻なトラウマとなることについて、顧みられてきませんでした。

非身体的暴力の一つである性的暴力については、さらに認識が遅れています。「夫婦間レイプ」という言葉が、少しずつ世間に知られるようになってきたものの、性行為に応じないと不機嫌な態度を取る、避妊に応じないなどの行為が性的暴力になるということは知られていません。意に沿わない性行為が日常的に強要される場合はもちろん、権力格差がある関係で行われる性行為は、表面上は同意がある場合でも複雑性PTSDを発症することもあり、その被害は深刻です。しかし、司法においては、未だに、別居する直前の性行為を夫婦仲が良かったという主張に使う弁護士すらいるのが実情です。

生活費を出ししぶることも、経済的暴力と評価されるべきですが、別居親が養育費の支払いを拒んでいるような事案でも、「面会交流と養育費は関連がない」と言われており、それどころか、「養育費を確保するためには、面会交流を充実させましょう」という逆転した説得すら受けることがありました。

非身体的暴力が招く被害の深刻さを考えると、DV被害者を保護するためには、「生命・身体の安全を守る」というだけの捉え方では不十分だと痛感します。安全であるべき家族間の関係であるからこそ、「暴力の恐怖にさらされることなく安全で平穏に生きる権利を守る」という考えが必要ではないでしょうか。面会交流を考えるにあたって、「子どものため」という言葉は、面会交流そのものに関して、子どもと非監護親との関係のみで語られがちですが、監護親と非監護親との関係についても考える必要があります。子どもは、監護親とともに日常生活を送っていて、DV被害者が、子育てという日常生活において、暴力の恐怖にさらされることなく安全で平穏に過ごしたいというささやかな希望をもっているということを忘れてはいけません。

⑷　「子の拒絶等」の軽視

細矢ら（2012）では、「子どもの拒絶等」がある場合も、面会交流を禁止・制限すべき事由とされていたはずですが、面会交流の手続きの中で、「子の拒絶」が尊重される場合は、極めて限定的なものでした。

面会交流の手続きのなかで、子どもの意見の聴取は、通常、家庭裁判所の調査官による調査という方法で行われます。調査官調査において、「子の拒絶」についての取り扱いは、子の年齢によって違いがあり、年齢の高い子どもについては、「子の拒絶」が尊重される運用がされてきました。精神的に成熟した子どもの意思に反して面会交流を実施することは、同居親が面会交流に応じるように説得をしたとしても、子の協力なく実現することは不可能ですし、仮に面会交流を強いたとすると、子どもの判断能力ひいては人格を否定することになりかねません。かえって子の福祉に反するという配慮から、精神的に成熟した子どもについては、面会交流の拒否が尊重されてきたのです。その年齢は、概ね15歳以上といわれていますが（家事事件手続法152条第２項、大阪高裁平成29年４月28日決定参照）、実務上、個人差はあるものの、小学校高学年以上の子どもの拒絶の意思は比較的尊重されてきたように思います。司法手続きに巻き込まれること自体を嫌がる子どももいましたが、調査官に対して肯定的な感想をもつ子どもが多く、自分に関係する司法手続きに関与できたことや、そこで述べた自分の意見が尊重されたという体験は、子どもたちに安心感をもたらしました。

他方で、精神的に成熟していないとみなされる「子の拒絶」は、軽視されました。子どもが、別居親との面会交流に拒否的な意見を言えば「どうして？」「楽しいときもあったんじゃないかな？」「お父さん（お母さん）、会いたがっていたよ」「短い時間ならどうかな」「どういうふうだったら会えるかな？」などと、面会交流に応じざるを得なくなるような誘導的な質問がなされました。意思が尊重される年齢の子どもたちとは異なり、幼い子どもたちは、自分の感情を説明するという能力は未熟です。「少しなら会ってもいい」「怒られないなら会ってもいい」などと子どもに答えさせることは容易だったと思います。「100年後なら会ってもいい」と答えた子どもの調査報告書に、「拒否感はあるものの、許容する余地もある」と書かれた事案もありました。

当時の家庭裁判所の司法実務においては、「別居親との面会交流は子どものためになるという価値観」が吹き荒れており、真面目で優秀な調査官ほど実直に従っていたと思います。こうした誘導的な意見聴取は、面会交流を拒否した子どもについてのみ行われており、面会交流に肯定的な意見を述べた子どもが、会いたい理由を尋ねられるということはありません。そういう意味で、片面的な運用でした。

面会交流に応じざるをえなくなった子どもたちは、家庭裁判所で行う試行的面会交流（おもちゃの置いてある部屋で行う交流、マジックミラーになっており、となりの部屋から見ることができる）を行うこともありました。子どもたちが調査官と一緒に楽しく遊んでいるところに別居親が入室して行う交流は、概ね30分程度という短い時間でしたが、なかには腹痛を起こしてトイレに引きこもってしまう子どもや、部屋のすみに座って固まってしまう子どももいました。その時は良くても、帰宅後に体調を崩す子どももいました。しかし、子どもの身体に生じた異変は、子どもの発した言葉以上に軽視され、「最初は慣れてないから緊張するものです」などという言葉で受け流されていきました。試行的面会交流が「滞りなく」終わると、「面会交流ができた」という実績ができたかのように扱われました。

また、面会交流について、子どもが頑なに拒否の姿勢を貫いた場合も、幼少の子どもが別居親に対する拒否感をもったことについて、同居親の影響がある場合には尊重すべきでないという評価を受けました。それは、同居親が積極的に別居親の悪口を吹き込んだというような場合のみでなく、同居親の怯えや嫌悪について、子どもが同情したり共感したりした場合にも同様に扱われました。調停委員や調査官が、子どもが面会を拒否する原因を、同居親の説得が足りないことに求めて、同居親に対して面会交流に応じるように強く促すということも多々ありました。子どもが別居親に対して拒否的な意思を示すことについて、別居親から、「片親引き離し症候群（PAS）」（復讐を企てる母（父）親が、元夫（母）を罰し自分の監護権を確保するための強力な武器として、子ども虐待を主張する「症候群」、Parental Alignment Syndrome）ないし、「片親引き離し（PA）」（子どもが様々な理由により、親や他の家族に対して、不当な恐れ・軽蔑・敵意といった行動をみせることやそこに至るプロセス、Parental Alienation）という主張がされることがありますが、家庭裁判所では、まさに、後者を認めるに等しい運用がされていたといえるでしょう。

子どもが面会交流に拒否的である場合に、家庭裁判所が面会交流を強要する過程の多くは、審判ではなく、調停成立の方法をとっています。「審判になれば、面会交流を命じざるを得ない。強制的に決めるよりも、頻度や時間や第三者機関を利用するかどうかなどをきめ細やかに決めた方がよいのではないか」「合理的な理由なく面会交流を拒むと、親権者としてふさわしくないという判断もありうる」などという言葉で説得を受けて、断ることは困難です。こうした運用が定着していくにつれ、弁護士の方でも、「月に１～２回の面会交流は義務だから、よほどの虐待がなければ拒めない」と依頼者に説得するということが、スタンダードな対応となっていきました。それはDV事案でも同様でした。弁護士が、「仕方がない」という言葉で、依頼者であるDV被害者を説得することはたやすいことだったのです。

法的手続において、面会交流に対して拒否的な意見を言ったのに、それに反して面会交流を強いられた子どもたちは、当然のことながら、大人に対する不信感を持ちます。自分の意見はとおらないというあきらめを学習し、面会交流を拒むために上手く立ち回れなかった自分を嫌悪することさえあります。性虐待を受けていた子どもについては、拒否の理由を述べることをためらってしまい、加害者との面会交流を余儀なくされるということも生じ得ます。拒否感の強い子どもが、その理由を上手く説明できなかったとしても、その意思を尊重しないと重篤な被害を生じることになります。

そして、同居親は、子どもを守ってあげられなかったと感じ、自分の無力さを再認識するとともに、多くの場合は自己嫌悪していました。子どもが嫌がっているという事実が無視された結果、同居親は、子どもに懇願し、時にはごほうびを与え、また時には叱りつける方法で、面会交流を実施してきました。

子どもが、本当は面会交流をしたくないのに、自分が面会交流をしなければ、同居親が責められてしまうことを案じて、面会交流に応じる状況もあります。面会交流に向かうまでの車中では泣きながら渋っていた幼い子どもが、待ち合わせ場所について、別居親がこちらに近寄ってくるのを見るや、同居親に対して「ママはここにいて。大丈夫。行ってくるから」と言って、面会交流に向かうということもあります。高校生くらいの子どもが、面会すれば養育費がもらえるということを指摘して、「これが本当のパパ活だよね」と言うこともあります。ヤングケアラーという言葉がありますが、子どもたちに、大人のケアをさせているのではないかということを考えずにはいられません。

(5) 別居後に生じる子どもの心身の不調と離別後Abuse

細矢ら（2012）では、「面会交流の実施がかえって子の福祉を害するといえる特段の事情」がある場合も、面会交流は実施されないはずでしたが、この点がとりあげられることはほとんど皆無でした。

別居後に、安全な環境で安心できた子どもは、心身共に回復していきますが、別居後に、子どもの問題行動が噴出する事案もあります。別居後の子どもの心身の不調は、別居による環境の変化とか別居親との別れによる寂しさなどというものよりは、苛酷な虐待の後遺症である場合も多いのです。DVや虐待が深刻な事案ほど、子どもの症状は別居後、時間差で現れる傾向があります。学校のいじめの場合も、いじめのあるクラスにいる間には病むこともできず、転校後に原因と離れたことで、「ようやく不登校になることができた」という話がありますが、それと同じです。別居後に生じる子どもの心身の不調が、虐待の後遺障害であるような場合、心身が不調になるところから回復への道が始まります。傷ついた心は、安心できる環境で癒やすしかないのですが、司法では、別居後の不調が虐待の後遺障害であるという発想は乏しく、同居親のメンタルの弱さに影響を受けていると受け止められ、同居親の方で子どもが健全に成長するための適切な環境を提供できていないなどと評価されました。こういう運用がなされると、同居親の方でも別居後に生じる子どもの心身の不調を主張することをためらうようになり、面会交流が行われる都度に、子どもの精神的なケアをしながら加害者と子どもの接触を続けさせるようになっていきました。

子どもの心身の不調が生じていないうちに面会交流の取り決めをしてしまい、その後、心身の不調が生じると、面会交流を拒むことは困難です。それどころか、面会交流に応じたという事実が、実績となって、さらなる面会交流の時間や回数の拡充が求められるということすら起こっています。

「子どもは多くの大人に愛された方が良く、別居親との面会交流は子どものためになるという価値観」が強調されることによって、面会交流が認められなかった虐待的な別居親が毎年のように面会交流調停を申立て、一部が認められた後にもさらなる時間や回数の拡充を求める申立てを繰り返し、時には、面会交流の妨害を理由に損害賠償請求訴訟を提起するケースまで生じるようになりました。これらは、リーガルハラスメント（虐待的な（元）パートナーが、支配を継続する方法として、被害者を繰り返し法廷に引きずり出すこと、Post-Separation abuse ともいう）と呼ばれています。

さらに、「子どもは多くの大人に愛された方が良く、別居親との面会交流は子どものためになるという価値観」は、虐待的な別居親が、子どもの学校行事に無断で押しかけたり、秘匿している居住地をつきとめて待ち伏せしたりするなどのストーカー行為を誘発しました。「親子間」であるという理由で、法的に取り締まることが困難な事案もあり、深刻な事態を引き起こしています。

DV が、別れるときエスカレートすることはよく知られていますが、リーガルハラスメントや、親子間ストーカーの問題は、「子ども」という存在によって、DV加害者が、支配を継続することができることになったことを表しています。DV被害が、別居や離婚によって終わるということは、今や幻想となりました。これらは、「Post Separation abuse」と呼ばれていますが、今後の実務の課題として考えるべき問題だと思います。

⑹ 間接強制による面会交流の履行確保

調停または審判で定められた面会交流の履行確保の手段には、履行勧告がありますが、強制力がなく、実効性が欠けると批判されてきました。面会交流を定める調停または審判は、「執行力のある債務名義と同一の効力を有する」とされています（家事事件手続法75条、268条）。その執行方法として間接強制の方法によることを認めた判例が、最高裁平成25年３月28日決定（民集第67巻３号，p.864）です。面会交流の日時又は頻度、各回の面会交流の長さ、子の引渡しの方法等が具体的に定められているなど監護親がすべきことが特定されている審判または調停については、面会交流の不履行があるごとに間接強制金の支払い義務が生じることが認められることになったのです。この判例の対象となった事案は、７歳の子どもが面会交流を拒否していたものでしたが、債務者（監護親）の意思のみで実現可能な債務であると判断されました。この最高裁判例により、「子の拒否」があっても、面会交流を拒むことができないことが確認され、「面会交流原則実施論」の運用に拍車がかかりました。

さらに、その後、多くの事案で間接強制金は高額化していき、1回の不履行について、10万円以上の間接強制金が認められるものも見られるようになりました。例えば、面会交流の条件の変更が争点となった、名古屋高決平成29年3月17日決定（判例時報2367号，p.58）は、子の拒否が明確であり、直接の面会交流の実施を続けさせると心理学的医学的な弊害が生じるとして、直接の面会交流を禁止し、間接の面会交流にとどめたのですが、監護親に課された間接強制金は、1回あたり50万円まで上がり、少なくとも合計が172万円にのぼり、親族に借りるなどして支払っています。

決めた約束や命令された審判が履行されないことについては、不公平感が生じ、司法に対する信頼も揺らぎかねません。しかし、面会交流という子どもとの関わりを強制する手段をとるにあたっては、その前提として、その約束や審判の妥当性や、当事者である子の意思の尊重がされていたのかどうかを丁寧に検討してみないと、その不履行が不当なものであったといえるのか判断できないというべきでしょう。「面会交流原則実施論」のもと、直接の面会交流を禁止・制限すべき事由があるのにそれを軽視した運用下において、高額な間接強制金を支払ってでもその履行を拒んだ監護親は、子どもの健康や安心を守ったと評価されるべきだと思います。

(7)　面会交流を支援するリソースの欠如

面会交流を実施するにあたって、面会交流の日程や待ち合わせ場所の取り決めや、子どもが幼少の場合は、その受け渡しなど、離婚した元夫婦の間で、連絡を取り合ったり、顔を会わせる必要が生じます。DV事案では、被害者に後遺障害等が残る場合もあるところ、監護親が、面会交流の実施について、精神的に困難を感じることも多いという実情があります。他方で、DV加害者が、自らの行動を反省できず、面会交流のために必要となる接触の機会に、高圧的な態度をとるようなこともあります。

子どもが別居親との面会交流を希望するような場合には、極力、その希望をかなえたいというのが家庭裁判所の方針であり、多くの弁護士もその認識を共有していますが、被害者の精神面に対する医療的な支援や、加害者の認識や行動を是正するためのプログラムが整っているとは言い難く、公的な取り組みや資金援助などのリソースはほとんどありません。

調停委員から、離婚事件や面会交流事件を担当している弁護士に対して、面会交流に立ち会うことが期待されることも多々ありますが、非常に神経を使う業務であるにも関わらず、その多くはボランティア的に行われており、専門の対象外の業務を弁護士に負わせることが適切であるかどうかという視点も必要だと考えます。

面会交流を支援する民間団体についても、地域的な偏在があります。民間団体がある地域でも、マンパワーは不足しており、利用するための期間が1年程度に制限されたり、1月に1回という頻度での関与すらできないなど、利用しにくいという声があります。また、本来、直接の面会交流をすべきでない事案において、支援付きの面会交流が行われているという側面もあり、子どもにとって苦痛を生じる面会交流が行われている事案も存在しています。面会交流の支援団体に所属すると、当然ながら面会交流が上手くいくことを望みがちであり、それが目標とされる傾向があります。しかし、そうして支援者の期待が、面会交流に対して消極的な子どもにとっては重荷となることには留意が必要です。面会交流の場面で、支援者が、「パパに（ママに）会えて良かったね」などの不用意な言葉がけをすることは子どもの心を傷つけることがあります。面会交流の支援者は、支援が必要な事案であるということを肝に銘じて、中立的な立場で子どもに接することが不可欠ですが、そのような指導や監督は公的に行われておらず、団体によりばらつきがあります。

面会交流の支援の対象が、面会交流当日だけになっているということも問題でしょう。子どもが面会交流を望むのに、それが困難であるという場合に必要な支援は、多くの場合、監護親に対するメンタルサポートです。DV被害者が抱える「高葛藤」と呼ばれる状態を低減させるには、支援者との継続的かつ深い信頼関係が必要です。これについては、全く、リソースがありません。加害者プログラムについても、DV加害者の更生という観点からは必要性が高いと考えますが、現時点におけるリソースとして不十分であるうえに、加害者プログラムを必要とするような親との面会交流を目指すことはそもそも適切かという根本的な疑問があります。加害者プログラムが、子どもに面会するためという目的でなされるなら、それは監護親であるDV被害者にとっては恐怖を生じさせ、子どもを危険にさらすことになるでしょう。

⑻　行きすぎた「面会交流原則実施論」の見直し

ここまで、「面会交流原則実施論」と呼ばれる運用についてお話ししてきましたが、今、この運用は改められつつあります。

令和２年６月、細矢裁判官ら東京家庭裁判所面会交流プロジェクトチームは論文を発表し、上記のような運用は、平成24年論考の趣旨が誤解されて、「原則実施論」として独り歩きしたものであるとして、「面会交流調停事件の運営に際しては、ニュートラル・フラットな立場（同居親及び別居親のいずれの側にも偏ることなく、先入観を持つことなく、ひたすら子の利益を最優先に考慮する立場）で臨む」ことを宣言しました。

この論文が発表されたことで、DV の経過や子どもの心情について、丁寧に聴取され、結論にも反映されているように感じるようになりました。他方で、弁護士を依頼せず、当事者のみで対応している事案などでは、従前の運用がなされているような声も聞きます。

令和２年の論考が、平成24年の論考の基本的な考え方を変更するものではなく、「子と別居親の適切な面会交流は、基本的には子の健全な成長に有益なものということができるという理解」を前提としていることからみても、「適切な面会交流」の捉え方いかんによっては、面会交流ありきの運用が簡単に改まるというものではないでしょう。司法が、「親子は交流すべき」という価値観を押し出し、それが望ましいことだというような方向性を定めれば、事案の安全性を判断する目は曇ります。令和２年の細矢論文で打ち出した「ニュートラル・フラット」な立場での運用が、字句どおり、中立的であるよう、面会交流の手続きの決定から実行までに関わるすべての関係者が意識するべきでしょう。

おわりに
――吹き荒れた「面会交流原則実施論」に抗えなかった反省をこめて

平成24年に「面会交流原則実施論」の運用が始まったとき、DV被害者にとっては大変なことになるだろうという漠然とした不安を感じていました。しかし、「子は、別居親と適切な形で面会交流することにより、どちらの親からも愛されているという安心感を得ることができる」という価値観に異論を唱えることはできず、DV被害者である依頼者に面会交流に応じるよう説得してきました。依頼者から「子どもが嫌がっている」と聞かされても、適齢に達していなければ、多くの場合、「それは拒否できない」と諭してきました。「面会は仕方ないよ」「子どものお父さんなんだもん」「やってたら楽しくなるかもよ」「一緒に頑張ろう」などと言って励ましました。依頼者や子どもたちの不安が消えるまで面会交流に立ち会い、子どもたちには、「今日も面会できたねー！」とほめたり、帰りに一緒に遊んだり、面会交流が終わった後に、「何で、僕がこんなことをしなければいけませんか？」と涙を目にいっぱいためて聞いてくる子どもに言葉を失ったり……。自分の休日をつぶすことも厭わず、費用ももらわず、面会交流を実現するために一生懸命やってきました。

10年たった今、かつて未就学児だった子どもが、成長し、もうこれ以上面会交流を続けることは無理だという事案が生じました。ある子どもに、「今までできていたのにどうして無理になっちゃったの？」と聞いたことがありました。すると、その子は、不思議そうに筆者を見つめて、「先生が、頑張ろうって言ったから」と言いました。そして、「ずっと我慢してきたけれど、手をつながれたときに吐き気がして、これ以上会うことが本当に無理だと思った」と言いました。その子の目から、一筋の涙が流れたのを見て、筆者は、自分が児童虐待に加担しているのではないかと思いました。依頼者や子どもを励ましてやってきたといえば聞こえは良いけれど、結局のところ、説得しやすい方を説得してきたということです。

DV・虐待の事件を受けていると、すべての子どもが、親と接触することが絶対に良いとは言い切れないという思いが生じます。面会をしたい子もいれば、したくない子もいる。今はしたくないけど、将来はしたくなるかもしれない子もいる。今はしたいけど、やってみたら嫌になるかもしれない。そういう関係性の中で、将来にわたって、親子の関わりのあり方を命じること自体が、果たして子どものためになるのでしょうか。

多くの子どもには、会いたいときに会いたいという、自主的な面会をしたいという希望があります。面会交流が、約束になったとたんに、子どもに苦痛を与えることになりかねません。

「面会交流原則実施論」と呼ばれる運用が始まって、この10年間に生じた現象について、DV被害者がどう受け止めてきたのか、また、この運用によって子どもたちにどのような影響が生じたかについては、現時点で、何の調査も、分析もされていません。様々な諸事情があって、自主的な面会交流をすることが困難な事案において、将来にわたる人間関係の「共同」や「交流」を家庭裁判所が命令するということについては、子どもと監護親の安全を第一に、慎重に考える視点をもつべきだと思います。

文献

細矢郁・進藤千絵・野田裕子（2012）「面会交流が争点となる調停事件の実情及び審理の在り方――民法766条の改正を踏まえて」『家庭裁判月報』64(7), 1-97.
東京家庭裁判所面会交流プロジェクトチーム（2020）「東京家庭裁判所における面会交流調停事件の運営方針の確認及び新たな運営モデルについて」『家庭の法と裁判』26、129-136.

第４章

家庭裁判所で面会交流の調停を利用した同居親へのアンケート調査結果

熊上　崇

本章では、家庭裁判所で面会交流の調停を利用した同居親を対象としたインターネットでのアンケート調査の結果を報告する。本調査は、DA（Domestic abuse）を経験した当事者団体「あんしん・あんぜんに暮らしたい親子の会」によって実施されたものである。

家庭裁判所の利用者、とりわけ子を監護している同居親を対象とした調査は、日本ではない。

海外では、第1章に述べた2020年のイギリス司法省報告に見られるように、家庭裁判所と当事者団体が協働して利用者のインタビューやアンケートを実施し、その実情や課題を踏まえて家庭裁判所の実務指針を定めているが、日本では、そうした調査が行われておらず、家庭裁判所での調停の様子や、調停委員、調査官から面会交流についてどのような働きかけが行われているかが見えにくい。

また、最も知りたいのは、家庭裁判所の面会交流の調停で、実際に子どもがどのような心身の状態にあるかである。

家庭裁判所での面会交流調停の渦中にいる子の状況についても、日本では調査されていない。

面会交流は子どもが中心である。であれば、家庭裁判所での調停や試行面会において、子どもがどのような状況にあるのかを知り、今後の家裁の実務において、子の心身の状況を踏まえた調停運営がなされることが望まれよう。

なお、本調査はインターネット上で同居親を対象として行われたものであるが、家庭裁判所を利用しているすべての同居親の意見を反映しているものでは当然ない。また、本調査結果は、家庭裁判所での面会交流調停で、大きな不安を抱いた同居親が回答したというバイアスがあることを踏まえて解釈する必要がある。本来、すべての家庭裁判所利用者の声を集めるには、家庭裁判所を利用している当事者に対する全数調査や抽出調査が必要であるが、それが現在の日本の家庭裁判所では行われていないので、現段階では、こうした任意の回答によるものが参考になる。家庭裁判所の面会交流において、同居親がどのような立場に置かれ、家庭裁判所からどのような働きかけが行われ、そして子の状況がどのようなものかうかがい知ることのできる貴重な資料の一つといえる。

家庭裁判所の面会交流に関する実務は、細矢ら（2012）において、面会交流を制限すべき事由として、非監護親による連れ去りのおそれ、非監護親による子の虐待のおそれ、非監護親による監護親に対する暴力（DV）、子の拒絶が例示され、これらに該当するもの以外は面会交流の促進のために調整することとされた。以来、全国の家庭裁判所では、この方針に基づき面会交流が調停委員会や調査官調査によって促されているという報告が、当事者である同居親から多く寄せられるようになっていた。

2020年に細矢ら東京家庭裁判所面会交流プロジェクトチームの論文（2020）において、2012年論文の趣旨が誤解され、「原則実施論」として独り歩きし、面会交流を「禁止・制限すべき事由が認められない限り」又は「特段の事情が認められない限り」必ず直接交流を実施しなければならないとする、同居親に対する十分な配慮を欠いた調停運営が行われたことがあったようだと記述し、今後の面会交流事件の調停運営に際しては「ニュートラル・フラットな立場で同居親および別居親のいずれの側にも偏ることなく、先入観を持つことなく、ひたすら子の利益を考慮する立場で臨む」との方針を打ち出している。今後、面会交流を議論するにあたり、ニュートラル・フラットな立場で子の利益を第一とする調停運営や制度設計を行うことが望まれる。

ただし、家庭裁判所での調停場面における当事者の声は、なかなか表に出にくい。面会交流に際して、別居親側の声は、新聞記事やニュースに取り上げられたりするが、DV や子の虐待に直面している同居親は、身元が知られることを恐れ、取材に応じたり、顔を出して活動することができにくく「見えない存在」になりやすい。

折しも、法制審議会でも共同監護や面会交流の議論が進められているが、この議論においては、別居親・同居親、双方の体験や主張に耳を傾け、そのうえで子の利益に資する面会交流を目指していくことが必要であり、本アンケート結果の当事者の声に真摯に耳を傾けることが望まれる。

本調査の回答では「家庭裁判所は子どもの声をキチンと聞いて欲しい」「DV を受けている人は壮絶な経験をしているともっともっと理解して欲しい」「このアンケートは早急に裁判所なり、機関に提出してほしい。助けてほしい」という、意見が述べられていた。

まずは、本調査から家庭裁判所での面会交流調停の実情の一部を知っていただきたい。そして、子や同居親の心理状態はどのようなものかを知るために、家裁関係者や子どもの福祉、心理に関わる方々にご一読いただきたい。

調査実施者について

前述したようにDVや虐待などを理由に別居・離婚を経験した当事者有志の団体である「あんしん・あんぜんに暮らしたい親子の会」が調査を実施した。本団体は2018年10月に発足し、「DV・虐待被害者の安全を守ってください！共同親権法制化は 慎重な議論を」というネット署名を立ち上げ、2020年２月28日には、10,708名の方からいただいた署名を法務省に提出した。その後も、当団体には署名への賛同とともに面会交流強制に苦しむ親子の声が届き続けている（2021年12月23日現在の署名賛同数11,451人）。

調査実施日：2020年10月６日～10月20日
実施方法：署名サイト・インターネット上で家庭裁判所の面会交流調停を利用している当事者（同居親）を対象とした調査を実施することを告知した。
調査内容：「離婚（特にDV・面会交流・家庭裁判所の手続き）に関するアンケート」というタイトルで、DV虐待の経験、裁判所での経験、面会交流、養育費、DV防止法、共同親権など以下の回答を得た。

1．回答者に関する質問
2．家庭裁判所の利用に関する質問
3．同居中のDV・虐待について
4．家庭裁判所での面会交流調停・審判でのDVや虐待の取扱い、子の意向調査について
5．家庭裁判所への要望

回答件数：107件。なお、インターネット上での回答で、同一人物による回答などは除外した。
※プライバシー保護のため「娘」「息子」「長男」「長女」など、子の性別がわかる回答は、可能なかぎり「子ども」に変更した。

なお、回答の集計および整理にあたっては、編者（熊上）が同団体と協働して実施した。

１．回答者に関する質問

1-1 現在の婚姻状況について

（人数）

項目	人数
離婚	65
別居中（離婚前）	32
離婚後再婚（ステップファミリー）	5
未婚・非婚	2
死別	1
未回答	2
計	107

1-2 子との同居状況

（人数）

項目	人数
同居している	105
同居する子・別居する子の両方がいる	2
計	107

1-3　親権者・監護者について

（人数）

項目	人数
自分も相手方も親権者・監護者である	11
自分が親権者・監護者である	79
相手が親権者、自分が監護者である	2
係争中	11
子どもは成人している	4
計	107

1-4 回答者の性別

項目	人数
女性	101
男性	6
計	107

1-5 回答者の年齢

項目	人数
～20代	4
30代	41
40代	50
50代	7
60代～	4
未回答	1
計	107

1-6 子どもの年齢

年齢	1人目	2人目	3人目	4人目	5人目
0歳	2	0	0	0	0
1歳	2	2	0	0	0
2歳	3	0	1	0	0
3歳	11	2	1	0	0
4歳	6	4	1	0	0
5歳	7	1	0	0	0
6歳	7	5	0	0	0
7歳	10	2	2	2	0
8歳	3	1	0	0	0
9歳	8	4	1	0	1
10歳	4	2	2	0	0
11歳	4	1	1	0	0
12歳	6	0	0	0	0
13歳	4	2	0	2	0
14歳	1	2	1	0	0
15歳	4	2	1	0	0
16歳	2	1	0	0	0
17歳	2	4	1	0	0
18歳以上	20	9	2	0	0
未回答	1	63	93	103	106
計	107	107	107	107	107

1-7　離婚の経緯について

協議離婚	19	17.8%
裁判離婚	23	21.5%
調停離婚	38	35.5%
和解	7	6.5%
その他	15	14.0%
未回答	5	4.7%
計	107	

２．家庭裁判所の利用に関する質問

2-1　別居や離婚にあたって、家庭裁判所を利用しましたか

した	85	79.4%
しなかった	20	19.6%
未回答	1	0.9%
計	107	

2-2 【家庭裁判所を利用された方へ】家庭裁判所を利用した際、不安だったことはなんですか（複数回答）　回答数：85

弁護士費用や経済的な負担	62	72.9%
付きまといや身の危険への不安	57	67.1%
精神的な負担	11	12.9%
子どもを預けるところがない	12	14.1%
仕事への支障	41	48.2%
子どもへの影響	49	57.6%
その他	10	11.8%
計	85	

〈その他〉

- 最初は信頼感が高く、心配なことはそれほどありませんでしたが、進めるうちに身の危険、精神的な負担、正当な結果が得られるかどうかに大きな不安を抱きました。
- 調停当日の家庭裁判所内（駐車場やロビー）での鉢合わせが不安。
- 調停の申立てをしたがそもそもの知識もなく、弁護士を雇う費用がないので法の知識面での不安もあった。
- どれくらいの期間を要するのか（一般的には２年と聞かされていたため）。
- 子どもの学校を休ませて、東日本から西日本の家庭裁判所まで車で往復する労力と交通費。
- 第三者を介入させることで相手から報復されそうな恐怖。
- 妻子への暴力をふるう夫に直接面会交流を強制される危険。
- いつまで続くのか目途が立たない。

2-3 家庭裁判所で行った手続き（複数回答） 回答数：84

離婚	76	90.5%
面会交流の取り決め	55	65.5%
養育費の取り決め	66	78.6%
監護者指定	42	50.0%
婚姻費用（生活費）の取り決め	59	70.2%
その他	19	22.6%
計	84	

3．同居中のDV・虐待について

3-1 同居中、DVはありましたか 回答数：107

あった	99	92.5%
なかった	6	5.6%
わからない	2	1.9%
計	107	100.0%

3-2 同居中にあったDVの種類は何ですか（複数回答可）回答数：102

身体的DV	70	68.6%
精神的DV	31	30.4%
経済的DV	79	77.5%
性的DV	57	55.9%
計	102	

3-3 上記のようなDVは子どもに影響を与えましたか 回答数：104

与えた	70	67.3%
与えなかった	6	5.8%
わからない	23	22.1%
（妊娠中などで）子どもがいなかった	5	4.8%
計	104	100.0%

3-4　上記「与えた」と答えた方は、子どもにどのような影響があったか教えてください

〈子どもの心身に悪影響が出た〉

- ０歳の子どもを抱っこしている私に元夫が怒鳴り付けたため、子どもはそれ以来他人を怖がるようになり、夜泣きもひどくなった。
- １人は万引きと不登校、もう１人は自傷を離婚後に行うようになった。
- ３人の子どもそれぞれに、おねしょの再燃、癇癪、物を壊す（家具や文具など）、暴言、注意力散漫、集中力の低下、自己肯定感の低下、コミュニケーションの障害、同級生からのイジメ、不登校、学力低下、意欲減退、無気力、うつ状態、悪夢、睡眠障害、などがあった。
- PTSDになった。
- 被虐待児症候群（ママ）で通院した。
- 面前DVによるPTSD　強い殺意　自殺願望　精神不安定になった。
- 下の子は小学校の高学年になってからおねしょがあった。集中力がなかったりした。
- 上の子は20歳になったが、お金の使い方に問題があったり、自分を大事にできていない気がする。
- 現在７歳の子の怒ったときの口調が夫と同じようになってしまった。聞かずに育ったならそんな言葉を使うことなく生きられたと思う。18歳の子は面前DVで傷ついています、そして連れ子なのですが、義父から胸を触られそうになったり、パンツを脱がされそうになったことで、ずっと恐怖心を抱いていました。
- 今も元夫と同じ車種を見かけるだけでうずくまったり、男性の大きな声を聞くと楽しげな笑い声でも硬直している。
- 子どもが男性を怖がるようになった。
- 子どもが無気力、覇気がなくなり子どもらしい笑顔がなくなった。ささいなことで切れて暴力を振るうようになった。止めようとしても止まらない。小１で「もう僕の人生終わったねん」と話す。いつも大人の顔色を窺って気をつかって暮らす。兄弟の関わりがほとんどない。
- 私が暴力を受けている音が大きく、子どもたちは眠れなかった。震えて泣いていたそうです。
- 少しでも怒られたら大声で泣き、自分のほっぺを平手で叩いたり、足でドンドン床を蹴ったり、精神的に不安定になったりします。
- 常に大人の顔色をうかがうようになった。
- 大きな声や音で泣くことがあった。
- 男性に怯えるようになった。父親が怖いと毎日口にする。父親が母親や自分を殴った、投げたとたびたび口にする。

●男性の大声を非常に怖がった。
●子どもは現在トラウマ反応、うつ、解離性障害などを抱えており、また困難が生じた際の解決手段として暴力的な方法や嘘などを多用するようになっており平和的な方法がなかなか身につきません。
●爪かみ、夜尿、ためし行動が出た。
●当時0歳だった子どもの前でも脈絡なくDVをはたらくため、私が痛めつけられると子どもが悲鳴のような声で泣くようになった。保育園で周囲が日常的に発していても、子どもは決して「パパ」という言葉を発しなかった。
●「パパにキックされてたから警察呼ばないと！」というような発言をするようになった。
●大きな音がするとフラッシュバックするようで、「パパ！」と叫んでパニックになる。
●気絶するようになったり、爪が剥がれたりした。
●見て見ぬふりをするようになったり叫ぶようになった。
●眠っていても怒鳴り声で起きたり。
●黙り込んでしまっていた。
●夜泣き、夜間の叫び、おねしょ（当時6歳）。
●別居してしばらくするまで男の人を過度に怖かった。

〈子どもにも暴力や危険が及んだ〉

●DVを止めようとした子どもがはずみで突き飛ばされた。
●子どもにも精神的DVを同じようにした。
●性行為に応じないと腹いせに子どもを虐待していた。
●乳児期だったのだが、怒鳴られていて、長時間泣かせてしまった。
●妊娠中から大声で怒鳴ったり寝かせなかったりするので発達が遅いのはそれのせいではと言われた。

〈その他、子どもへの悪影響〉

●子どもの積み立て貯金を使われた。
●父ができない約束をし、子どもに悲しい気持ちにさせた。

〈子どもが暴力的になった〉

●子どもも暴力的になった。不安になり怯えてトイレから出てこられなくなった。
●子どもにもモノを投げつけたりしてるので人を攻撃していいと子どもが思ってしまった。
●子どもも暴力でいろんなことを解決しようと園や学校でしていた。

- 長男が暴力的に、父親と同じこと（母への悪口や暴言）を言うようになった。長女が大人の顔色をうかがうようになった。

〈暴力をふるう親への子どもの態度〉

- 違う家で暮らそう、パパと一緒にいるのは嫌と言ってきた。パパとの留守番やお出かけは拒否し、私がいないと大泣きするため、パパは不機嫌になり子どもに暴言を吐いたり放置したりされた。
- 私が暴行されている様子を覚えているため、子どもは父に二度と会いたくないと話している。
- 当時は怯えてカーテンの後ろに隠れたりしていた。泣いて父親を責めた。
- 加害者の前では妙に顔色をうかがい良い子であったり、ママきらいなどといって機嫌をとる。いなくなってホッとするとママに謝り、幼稚園ではお友達に加害の言動をトレース、つめかみや指吸いがあった。接触後に夜泣きや（おむつ完全にとれているのに不安定になり）おもらし。癇癪やふさぎこみ、朝起きられない、心が疲れたという。
- 面前DVになり子が父親を拒絶するようになった。

〈その他、子どもの人間関係への影響〉

- 父親が帰ってこないと「今日は平和だね」というほど。父親には何を言っても無駄と諦めている。
- 私が夫を避けていることを、子どもは感じ取っていたと思います。
- 自分のことを人に話さないようになった。孤立した。親が原因で子がいじめられた。

3-5　同居中、子への虐待はありましたか　（複数回答）回答数：106

※虐待の内容は（3-6）質問参照

あった	71	68.3%
なかった	20	19.2%
わからない	10	9.6%
（妊娠中などで）子どもがいなかった	5	4.8%
計	106	

3-6 【同居中、子どもへの虐待があったと答えた方へ】同居中にあった子どもへの虐待について教えてください （複数回答）回答数：73

身体的虐待：殴る、蹴る、叩く、投げ落とす、激しく揺さぶる、やけどを負わせる、溺れさせる、首を絞める、縄などにより一室に拘束する など	33	45.2%
心理的虐待：言葉による脅し、無視、きょうだい間での差別的扱い、子どもの目の前で家族に対して暴力をふるう（ドメスティック・バイオレンス：DV）、きょうだいに虐待行為を行う など	61	83.6%
ネグレクト：家に閉じ込める、食事を与えない、ひどく不潔にする、自動車の中に放置する、重い病気になっても病院に連れて行かない など	19	26.0%
性的虐待：子どもへの性的行為、性的行為を見せる、性器を触る又は触らせる、ポルノグラフィの被写体にする など	6	8.2%
その他	13	17.8%
計	73	

〈その他〉

- 子どもの大切なものをわざと踏みつける。ママがこんな人でお前はかわいそうだ、と連呼する。
- 電気のない小さな物置に閉じ込める。デコピンやしっぺで脅していた。
- ゴキブリなどと激しく罵る、首絞めてやる、ボコボコにしてやるなど脅す、子どもに母を殺したいと言うなど書き切れないほどあります。
- 勉強や知育教材を強制してやらせる。子どもが嫌がると急に不機嫌になり何としてでもいうことをきかす。夫の希望があたかも子どもの希望であるかのようにしていた。
- 車内放置、排泄の禁止、声を出すことの禁止。
- 髪の毛をわしづかみにして持ち上げる。
- 暴力行為を子どもに教える（顎先を狙って殴れ）、私（母）のことを「アホバカと呼べ」と言う。
- 虐待に当たるか分からないが、体調が悪くても実家に連れて行く、義両親を呼ぶ、子どもの生活時間を考慮せず連れ歩こうとすることは多かった。
- 私を大声で怒鳴っている姿をわざと見せて、お母さんはダメな人間だと言っていました。

【家庭裁判所を利用された方への質問】

家庭裁判所交流調停・審判におけるDVや虐待の取扱い、子の意向調査について

4-1　【裁判所を利用された方へ】DVや虐待を理由に面会交流を拒否しましたか

回答数：84

した	56	66.7%
しなかった	28	33.3%
計	84	

4-1で「面会交流を拒否しなかった」と答えた28人のうち、面会交流を拒否しなかった主な理由（一部抜粋）

〈子どもの意思〉……5件

- 長男の意思。本人が断らなかったため。お金や物をもらえたり、Wi-Fiが使い放題だったから（面会日でない父親が自宅にいない日に、Wi-Fiを使ってゲームをしに行っていた）。
- 子どもが会いたいと言ったので。
- 子どもの意思を尊重するため。
- 子どもの希望を最優先した。
- もう子どもが成人ですから、会いたければ勝手に会いに行きます。一人は定期的に会いに行きますが、もう一人はDVを受けていたので、会いに行きません。

〈面会交流を拒否すると、調停で不利になると思った〉……6件のうち5件抜粋

- 私たち母子に対するDVを主張しても、元夫も調停委員も聞く耳を持たなかったので、面会交流を拒否すると、養育費で不利になることを恐れたため。
- 親権の部分で有利に進めるためにしかたなく。
- 面会交流を拒否すれば監護権を剥奪されるような空気感だったため拒否はできませんでした。ただ、子どもが明らかに面会交流によって負担が出ていたため頻度や形態については家庭裁判所に何度も理解を求めましたが、まったく受け入れられず非常に密な面会（毎月1回、6時間、付添人なし、長期休暇には主人宅に泊まりに行かせること）で合意せざるを得なかった。
- 拒否をすると、審判で無理矢理会わせることになる可能性があるため。
- 拒否しようとしたが子どもに対する暴力の回数も少なかったので、拒否すると裁判所に親権者として不適当と判断されるからという弁護士のアドバイスがあった。

〈面会交流をすべきだと思った〉……7件

- 私のみへのDVであり、同居中は子どもへの虐待は無かったこと、別居したことで環境の変化による悪影響が発生しないために行った。
- 子どもに対しては悪い母親ではなかったから。
- 子どもに対して明らかな危害を加えられない環境を確保できるのであれば、別居親との面会交流は子どもの権利であり、同居親の感情で制限できるものではないし、離婚後は同居親・別居親が相互に協力しあうものだと考えるため。
- 私自身は体調を崩すほど会うのは苦痛だったが、子どもには会わせるメリットの方が大きいと判断したため。
- 子どもの親である人を悪者に仕立て上げることに抵抗がかなりある。その子のルーツでもあるので。
- 父子関係が改善され、私の育児負担を軽減してほしかった。
- 面会交流は子どもの権利だから。

〈相手が面会交流を求めてこなかった〉……4件

- 先方が面会交流を求めていない。
- 相手が面会交流を希望しなかった。
- 交流を求められていないのでしなかったが、実際にはコンビニでばったり出くわすなどしていた。また、LINEでの連絡が入り、それがことごとく経済的DVなために、直接の連絡を控えるように要請した。が、守られていない。父親から連絡があると子どもがストレスで自傷行為をする。
- 相手が既に新しい子どもができ面会を望まないから。

5-1で「面会交流を拒否した」と答えた56人のうち、　面会交流を拒否した主な理由

〈子どもが怖がっている・子どもに悪影響があったため〉…13件のうち11件抜粋

- 子どもの意思。父親が怖い、生活が忙しく時間がない等。
- 子どもが怯えPTSDが酷く会ったら殺すとの発言あり。到底受け入れられない。
- 子が面会交流から泣いて帰ってきた。会いたくないと言う。帰ってきたあと不安定になり夜泣きが続く、汚い言葉を使う。など日常生活に悪影響が出たため。
- 子が嫌がり、吐いたため。
- 子どもが怖がっている。警察に会わない方が安全だとアドバイスされた。
- 子どもが父親を恐がっているから。
- 同居中に子どもとの親子関係がなく、子どもが二人で会うことを怖がるから。
- 子どもたちが面会を恐怖に感じていたので、その旨を伝えた。
- 子どもの挙動がおかしい　夜泣き　眠らない。

●子どもへの悪影響、子どもを利用した母へのストーカー行為があったから。
●父親への面会を嫌がっており、試行的面会交流後から急に精神的不安定になった。更に家庭裁判所の調査官の調査時（５歳）に、２時間以上調査官と二人きりの部屋で調査官との会話の結果、直接での面会交流に同意させられた。後で子どもが同意を取り消して欲しいと号泣し、精神的に更に不安定になったため。

〈子どもが会いたがらなかったため〉……６件

●子どもが会いたがらなかったため。
●精神的理由。子どもたちが会いたくないと言った。
●子どもが会いたくないといったため。
●子どもたちが頑なに拒否したため。
●子どもたちが拒否したため。
●子ども自身が２度と会いたくないと言っているから。

〈同居中に DV があった〉……７件

●DV が子どもにも及ぶ危険性があるため、面会交流を拒否した。DV は認められたが、面会交流なしは認められず、弁護士か第三者立ち会いを必須とした。
●DV があったから。子どもが会いたいなら会うという条件にしてもらった。
●０歳の頃から、相手の機嫌を損ねれば殺される危機だったので、なんとしても拒否しました。
●私への暴力、薬物使用する人物に関わらせたくない。
●妊娠中に突き飛ばされる、出産の時、陣痛が起こっていても「大丈夫？」など心配して声をかけるということも一切ないなどもあり、さらに子育てに協力的でなく、さらに産まれたばかりの子どもが夜泣きをしていると「うるさい」と言ったり、イライラして私に怒鳴ったり物に当たり、面会交流をしたくないと何度も伝えましたが、面会交流は子どものため、父親に会わせないことはできない、と言われています。
●自分の思い通りにならなくなって DV をしてきた相手です。最初は会いたいだけの気持ちかもしれないけど自分が思い通りにならないことをしてしまう子どもを目の前にしていつ傷つけられてしまうか恐ろしくて会わせることなどできません。
●母親に目の前で暴力を振るっていて、子どもは泣いているのにやめないいわゆるサイコパスなような人にどうして会わせなければいけないのかという疑問がある。

〈不安・恐怖心があった〉……３件

●母親の精神状態が不安定であり、家庭裁判所でも怒鳴るような夫と会うことが怖かった。
- 相手はこちらがなぜ別居にいたる決断をしたのか全く理解せず、子どもに影響がでていることも全く理解せず、自分に全く非はない・身に覚えはないと主張する。そのような問題意識のない相手に子どもを会わせることがどれほど危険なことか。
- 私が相手方に恐怖心を持っていた。

〈子どもへの虐待があった〉……４件
- 子への性的虐待があり離婚理由が子を守るためだった。
- 同居中、DV、面前DV、虐待があり何度も警察を呼んだことあり。被害届は相手の報復を恐れて出せなかった。会うと命の危険を感じているため。
- 面前DV が実際にあったこと、同居中に子どもへの暴力もあり、相手方は子どもを半日以上１人でみたことが過去に一度もなかったため。
- 私に対する DV、更に面前DV、直接子どもに対する児童虐待があったので。

〈面会交流の付き添いが難しい〉……４件
- 多胎乳児で常に誰かが通院しているため、育児だけで手一杯であるため、相手が一人で子どもを１日も世話したことがない。私への精神的DV があり、私がフラッシュバックで未だにうなされている。子どもが障がいを持っていると分かり療育に通ったりと日常に変化を持たれては困る。
- わたし自身の精神的ストレスが大きい。精神科通院歴あり。
- 面会交流に立ち会うことができないくらい相手に恐怖を感じていたから。また、（高額なプレゼントを毎回渡すなど）子どもに対する教育的配慮、価値観が全く異なっている。
- 私が元夫が怖くて会えない。子どもは父親に懐いておらず、幼児だけで私なしの面会はできない。

〈面会交流を行っていたが、問題が起きたため〉……２件
- 離婚後、面会交流を自分たちだけで取り決めて初めは私なりに努力したが、相手は面会交流を利用し私に執着してストーカー行為を繰り返したため、家庭裁判所にて面会交流を拒否した。
- 離婚後の面会交流時の性的虐待があり、拒否している。

〈子どもへの虐待・連れ去りの恐れなどがあるため〉……４件
- 子どもを連れ去った過去があるため。子どもの心身のダメージをこれ以上重ねると子どもの日常生活もできなくなる可能性がある。

- 言葉の暴力など、子どもに危害を加える恐れがあるため。
- 面会すれば子どもを連れ去られる可能性がとても高いと、母子ともに判断して、話し合って決めた。
- 連れ去りの心配、怪我や病気など緊急時の対応の不安（対応せず、思い通りにならない子に対して機嫌を損ねるなど）、約束反故（時間を含む）、同居家族の悪口を言う、別居親の意思通りに動かない子どもに罪悪感を持たせるようなことを言う、などの懸念があるため。

4-2 【裁判所を利用された方へ】面会交流に関して、子どもの意思は聴き取りがありましたか　回答数：84

あった		18	21.4%
なかった		65	77.4%
	「子どもが小さい」という理由	33	39.3%
紛争中で未回答		1	1.2%
	計	84	

4-3　4-1 で面会交流を拒否した方へ
面会交流に関して、子どもの意思は聴き取りがありましたか

あった		13	23.2%
なかった		43	76.8%
	「子どもが小さい」という理由	24	42.9%
	計	56	

4-4　4-1 で面会交流を拒否しなかった方へ
面会交流に関して、子どもの意思は聴き取りがありましたか

あった		5	17.9%
なかった		22	78.6%
	「子どもが小さい」という理由	9	32.1%
紛争中で未回答		1	3.6%
	計	28	100.0%

4-5 「子どもの意思の聴き取りがあった」とお答えの方へ　どのような聴き取りがありましたか　17件の回答のうち、抜粋

子どもの年齢（当時）	内容
5歳	家庭裁判所調査官による裁判所での一対一の面談
5歳	保育園と自宅に家庭裁判所調査官訪問。お父さんに会ってみたいか？など聞かれた。
5歳	本人は面会交流を拒否していたが、家庭裁判所調査官等裁判所の人だけの部屋（同居親無し）で2時間以上で聞き取りという名の下、面会に同意するまで部屋から出して貰えなかった。結果的に心に傷を負った。
5歳	家庭訪問中に。パパの事は好き？　パパとどんな事して遊ぶのが好き？　パパのいい所、悪い所はどこかな？　など。
子2人： 6歳と3歳	家庭裁判所調査官の調査でした。6歳でも自分の気持ちを言葉にだして伝えることはまだできない状態だった。 家庭裁判所調査官は自宅1回、家庭裁判所にて1回会い、優しい対応だったが、あって2回ほどの人に子どもがこころを開くわけがない。
6歳	家庭裁判所で一人きりでの聴き取り（玩具がたくさんあり大興奮で遊びながら。マジックミラーの部屋の仕組みも見せてもらいさらに興奮状態）
子2人： 9歳と11歳	会いたいかどうかを聞かれた。
小2	調査官と何度かやり取りをしていたが、内容は聞いていない。
14歳	家庭裁判所調査官が虐待があっても面会をするように子どもたちにも強引に迫り，なんとか子どもの口から「会う」と言う言葉を言わそうとしていた。
子2人： 中3、中1	同居親との暮らしぶり、両親それぞれをどう思っているか、別居親と会いたいか、どのくらいの頻度で会えるか等
年齢不明	家庭裁判所では萎縮してしまう心配があり、公共施設で家庭裁判所調査官の調査を行ってもらった。 同行はしておらず、子どもへ聴き取り内容を聞くことは慎むよう家庭裁判所調査官から言われていたので詳細は知らない。
年齢不明	お父さんと会うことについてどう思うか、お父さんが会いたいと言ったら会ってあげてもいいかどうか。

4-6　面会交流に関して、同居親の意思はどのような聴き取りがありましたか

〈「2011年より前（民法改正前）」に手続きが終了した人の回答〉

●なぜ会わせたくないのか理由を聞かれました。

- 保護命令まで出ていて子どもも暴力を受けているから面会交流はあり得ないと言ったところ、相手に譲歩させるために交換条件として必要だと言われた。
- 面会交流ありきで頻度の程度を聞かれた。

〈2011～（2020）年〉

- 1回目の調停は家庭裁判所調査官の調査と審問がありました。家庭裁判所調査官はなぜ面会交流できないのか？　どうしたら面会できるか？　という面会交流実施にむけての聴き取りでした。
- DV の証拠を出して面会交流なしを要望したが、一般的な月一回にされそうになったので、抗議したが、隔月になっただけだった。
- 同居親の意見は聞かれず、一般的にはこうだからと押し切られた。
- 「子どもが自分の意思で父親に会いたいと思えば否定はしないが、子どもだけで行動できるようになってから。自分は会わない」と答えた。
- 調停前と調停最初に話をしに行きましたが私の意思は不要な扱いでした。
- 面会交流について意見を述べても理由なく否定され、面会交流することがいかなる場合でも正しいと説得されて、聴き取りとは言えなかった。
- 同居親の意思の聴き取り前に、現状では面会交流しなければならないこと、それを拒めば私が法的に強制されると言われました。
  そのうえで、別居親と一度も会ったことがない子との面会交流において危惧することを具体的に言ってほしい、その懸念を払拭できる対策を講じて面会交流を行うと言われました。
- 家庭裁判所にて2時間ほど家庭裁判所調査官と話す機会があり、そのほとんどを調査報告書に載せてくれた。
- 子どもの意思を尊重してくれた。
- 相手に会わせる意思があるかどうか、養育費の値段あがる（譲歩してくれる）から面会はさせてあげたらどうですか？　と言われた。
- 最低でも年1回写真の送付にしましょうか？　無理しなくて良いですよと言われた。
- 調停では聴き取りはなく、原則面会交流と言われました。
- 聴き取りはあったが反映されることはなかった。
- 面会交流しないといけないと言われただけで、どうしたいという聴き取りは無かったです。
- 面会交流は子ども本人の意思があればしてもよいと思うかどうかの聴き取りだった。

〈2020年以降、継続中〉

- 面会交流をしないとダメですと言われました。
- 会わせるためにどうしたらよいか。面会交流を行う事が当然で、そのために相手にどうしてほしいか、と言われた。
- 子が嫌がっても、DV があったなら、母親抜きで人目のある施設で会う。
 第三者機関を利用したらいいと、あくまでも面会交流は拒否できないという話のみだった。
- 身体的暴力がなければ面会を！　と言われた。
- 担当書記官が面談でしっかり聴き取りをしてくれました。
- 別居後の子どもたちの様子。面会に対する子どもたちの感情。
 それらをふまえた上での、面会に対する私の意見をきかれた。
- 面会交流するに当たって問題なところは何か等。
 当時は DV の被害を上手く伝えられず自分の弁護士も面会交流に同意するようにしつこく言ってきた。
- 面会交流は原則実施であるので不利にならないうちに妥協点を見つけないといけませんよと、なぜ会わせられないのか、と言われた。

4-7　DV や虐待があったことを証明する証拠、また面会交流が不可能である理由としてどのようなものを提出しましたか（複数回答）　回答数：67

医師の診断書	39	58.2%
写真	34	50.7%
日記、メモ	34	50.7%
メールや SNS や電話の履歴	28	41.8%
医師や専門家の意見書	15	22.4%
録音	13	19.4%
家族や友人・知人の証言	13	19.4%
陳述書	7	10.4%
動画	2	3.0%
その他	8	11.9%
計	67	

〈その他〉

- 収支記録
- 警察調書
- 保護命令のコピー
- 保護命令の抗告が却下された決定書

●警察に捕まった謄本コピー
●相手が逮捕された新聞の切り抜き
●本人の謝罪文

4-8　DV（配偶者・パートナーへの暴力）の証拠を調停や審判・裁判で提出された方へ　証拠は十分に考慮されましたか　回答数：63

考慮された	13	20.6%
されなかった	23	36.5%
どちらでもない	7	11.1%
わからない	16	25.4%
その他	4	6.3%
計	63	

〈自由記述〉
●裁判の判決では、面会交流が行われないのは致し方ないとなったが、その前の調停で面会交流を勧められた。試行的面会交流を一度行った。その後子どもは精神的に不安定になったが、それは当たり前の反応とされ、子の引き渡しの審判は却下されたが、今後も様子を見ながらの面会交流が望ましいとなった。子どもに直接虐待があっても面会ありきの方針に失望していた。
●初回の調停時に、時系列ごとにまとめた書類を提出しようとしたが、調停委員に本当に提出して良いのか？　何度も確認され、提出すると取り下げることはできないと何度も言われ不安になり、結局提出できませんでした。上記の状態だったので調停委員には見てもらいましたが、提出はできませんでした。
●離婚には考慮されたが、面会交流には考慮されなかった。

4-9　子への虐待に関する資料を調停や審判・裁判で提出された方へ　十分に考慮されましたか　回答数：51

された	5	9.8%
されなかった	21	41.2%
分からない	16	31.4%
どちらでもない	7	13.7%
その他	2	3.9%
計	51	

〈自由記述〉
●試行面会交流中に、別居親が子を置き去りにしたことは考慮された。

- 離婚裁判では考慮されたが、調停や子の引き渡しの審判では考慮されなかった。面会交流ありきであった。面会交流させないと不利になると何度も言われた。

4-10 【家庭裁判所を利用された方へ】面会交流が望ましくないとする医師の診断書・意見書は提出しましたか。またそれは考慮されましたか　回答数：68

提出した（考慮された）	4	5.9%
提出した（考慮されなかった）	12	17.6%
提出しなかった	52	76.5%
計	68	

4-11，12，13【家庭裁判所を利用された方へ】〈調停委員、家裁調査官、裁判官〉から、面会交流についてどのように言われましたか

	4-11		4-12		4-13	
	調停委員から		家裁調査官から		裁判官から	
積極的に面会交流すべしと言われた	49	69.0%	36	73.5%	29	61.7%
当事者の気持ちを尊重してくれた	22	31.0%	13	26.5%	18	38.3%
計	71		49		47	

4-14 「積極的に面会交流すべしと言われた」方へ　調停委員から、具体的にどのように言われましたか？　49件のうち、主な回答を抜粋

〈原則面会交流である〉……6件

- 原則面会交流なので、面会交流なしはありえないと言われました。
- 「今の家庭裁判所は面会交流ありきなので、しないとこちらが不利になる」と調停委員に言われました。仕方のない事で、諦めて面会交流させましょうといった感じでした。
- 調停委員から「それでも父親だから」「面会交流しないと親権に影響がある」と言われた。

〈子どもには親が必要である〉……7件

- 子どもにはお父さんが必要よ、と言われた。
- どんな親でも親だ、父親と子どもが良好な関係を育むことに協力するのが母親の務めだ、と言われた。

●どんな父親であったとしても、子どものために面会交流が必要だと言われた。
●子どもには父親との交流が必要である、と言われた。
●面会交流を重ねることで父親の自覚を徐々に身につけていい関係性を保つべき。父親を否定することは子どもの半身を否定することになるから父親との関係は断つべきではない、と言われた。
●子どもの健やかな成長には、子どもと父親の関係はあったほうが良い、と言われた。
●父親なんだからと言われた。

〈面会交流は子どものためである、子どもの権利である〉……６件

●子どものために面会しないと、と言われた。
●面会交流は子どもの権利である、と言われた。
●両親の間に如何なる理由があったとしても、子の福祉においては、子が両親から等しく愛されていると感じられるために、定期的な面会交流が重要と言われた。
●父親に会うのが子の福祉だから、という前提で話が進められた。
●子の福祉のため。虐待があったなら、なおさら、父親との関係修復のために会わせるべき、と言われた。

〈養育費のために面会交流をすべきである〉……５件

●養育費をもらうために、父親のご機嫌をとるように言われた。
●養育費をもらうのだから、血の繋がった親子だから、と言われた。
●養育費を気持ちよく払ってもらうために面会はしなさいと言われた。
●別居してから半年以上、夫に会っていないので一度会わせてみてはどうか？　それで問題なければまた会わせる方向で。会うように決めないと養育費を請求できないと言われた。

〈面会交流をするように説得された、こちらの話を聞いてもらえなかった〉……２件

●子ども本人が嫌がっていることを何度母親が伝えても、何度も本人に聞いてきて、と持ち帰らされた。裁判所でマジックミラーの部屋でなら会えないか等、場所や環境をあれこれ変える提案を何ヶ月も繰り返された。
●気の毒そうにしていたが，面会交流する方向の話しかされなかった。

〈その他〉……10件のうち９件を抜粋

●堕胎を強要した相手に対して面会交流を拒否したら、「え？　まだ生まれてから

一度も会わせてないの？」と言われた。

- 子どもに父親を会わせないといけない。それは子どものために絶対と言われ、今までのことを説明しましたが、聞き入れてもらえなかった。
- こちらの話は聞くには聞いてくださいましたが、４ヶ月に１回や、まずは４ヶ月に１回で徐々に頻度を増やしていくという私の提案は無理かという反応でした。
- 受け入れないと離婚に合意してもらえないと言われた。受け入れたら離婚できるとも言われた。
- 子どもたちに会わせたら、離婚調停がスムーズに進むのではないかと言われた。
- 相手が話し合いに前向きではなく、怒鳴ったりしたため調停にならず、調停委員と私の話はあまりなかった。
- 第三者機関を利用して会わせるように言われました。
- 裁判所の姿勢はわかっていますね、と脅されているように感じた。
- １回目の調停ですが、面会交流すべしと強い言葉で言われていませんが、こちらが拒否をしているのに、どうすればできますか？　いつできますか？　どのようにしますか？　相手からこうしたいと提案がありますよ。と面会交流をする事を前提で初めから話をされました。

4-15 「積極的に面会交流すべしと言われた」方へ　家裁調査官から、具体的にどのように言われましたか？　32件の回答のうち主な回答

〈原則面会交流である〉……２件

- 今は面会交流する流れだからと言われた。
- 父親が子どもに会うのはもっともな権利である。父親から私への暴力や薬物、暴力団との関わりは今のところ危険とは言えないので定期的に面会するべき、と言われた。

〈夫婦間暴力は面会には無関係〉……7件

- 「あなたが彼からされた過去のことはここで言ってもどうにもなりません。今は子どもとの面会交流について決めなきゃならない。子どもが被害にあったわけではないでしょう？」「子どもは一度も彼に会っていません。会わせてみないことには彼がどうするかわからない。だから危惧することが起きないように対策を取る必要がある」「とにかく早く父子関係を構築する必要がある」と言われた。
- どれだけの暴力があったか写真を出しても一切聞いてくれなかった、こちらの主張だけでなくDV夫の意見も載せるので併用でどっちともつかずの意見で、子どものさびしい気持ちのみにフォーカスを当てて面会すべしとの結論だった。

〈面会させないと親権または監護権をもてない〉……3件

- あなたに不利な審判になりますよ。親権失いますよ、と言われた。
- すみやかに月1回、6時間、付添人なし、長期休暇には宿泊。この内容の面会を実現しないのであれば監護者を父親として考え直すべきと調査報告書に記載があり、非常に強制力が高いと感じました。
- 面会しなければ親権はとれないかもしれないと言われた。

〈子どもには親が必要である〉……7件

- お子さんにとって、どちらも大事です。だから愛されているという事を子どもに伝えるためにも会わせてください。
- どんな父親でもいた方がいい、と言われた。
- やるのが当たり前という態度。父親は子どものルーツだから、と言われた。
- 子どものために面会は必要、と言われた。
- 子どもは親からの愛情を認識した方が良い、と言われた。
- 父親と子どもが良好な関係を育むことに協力するのが母親の務めだ、と言われた。
- 養育は主に母親。ガス抜きの存在は父親が相当。

〈養育費をもらうから当たり前〉……2件（から抜粋）

- 月一回は当たり前、お金をもらっているんだから、と言われた。

〈子どもへの誘導的な調査〉……4件

- パパはもう何もしないよ、と子どもに言い聞かせていた。あとは、遊びながら子どもに質問して子がうなずいたら、「父親に会うことに同意した」と調査報告書に書かれた。
- 子どもが面会交流に同意するまで、同居親から離れて長時間、かなりしつこく父親に対するポジティブな意見を押し付けて同意を取っていた。
- 子の話した意向とは違うことを調査報告書に書かれた。断ってもどうせ月イチとかで会わされるんやろ？と言ったところを、「月一回なら会ってもいい」等と書かれていた。

〈その他〉……5件

- お子さんは「会いたくない」と言っているが，お母さんの意向をくんでそう言っている可能性があると言われた。
- 試行面会で問題なかったから、問題ない、と言われた。

4-16 「積極的に面会交流すべしと言われた」方へ　裁判官から、具体的にどのように言われましたか　22件の回答のうち、主な回答

〈面会交流ありきで進められた〉…9件

- 「あなたがダメなら誰が来れる？　引き渡せそうな場所はどこ？　近くに児童館とかある？」と言われた。子どもが嫌がっている音声や動画、前回審判の遵守事項違反の動画も提出していましたが、審問で「子どもは嫌がっていない」と裁判官から言われました。
- 間接交流から始めましょう、と言われた。
- 今後、円滑にするためにも最低限は会わせる事、と言われた。
- 面会交流しないというのはあり得ず、月一が基本、と言われた。
- やるのがルールなんだよ！　みーんなやってるんだよ！　子どもが熱出しても不安定になってもやるんだよ！　などと言われ、強制されたように感じた。

〈その他〉…　9件

- 調停で決まった頻度を覆すことはできないため、面会交流すべしと言われた。
- PTSDと診断した精神科医の意見書を尊重してくれた。
- プレゼント額を超過するルール違反をしていても、審判を出すなら、間接強制（注：実行しないことで金銭の支払い義務が生じる）可能な内容にも成りうると言われた。
- 会えるなら会った方がいいと勧められた。

4-17 【家庭裁判所を利用された方へ】面会交流に関して、調停・審判の結果、どのような結果になりましたか　回答数：87

直接面会交流（間接強制付き）	7	8.0%
直接面会交流（間接強制なし）	28	32.2%
間接面会交流 （手紙、写真送付、電話、テレビ電話など非対面の面会交流）	11	12.6%
直接・間接面会交流なし	10	11.5%
時期を見て再協議	6	6.9%
取り決めなし	4	4.6%
まだ係争中	21	24.1%
計	87	

4-18 【家庭裁判所を利用された方へ】調停や審判・裁判の結果決まった「直接」的な面接交流の頻度　回答数：81

特に決めていない（好きなだけ）	4	4.9%
毎週	1	1.2%
月３回以上	1	1.2%
月１－２回	21	25.9%
２－３カ月に１回	7	8.6%
年３回	1	1.2%
年２回程度	2	2.5%
直接面会交流なし	16	19.8%
保護命令により直接面会交流なし	2	2.5%
取り決めなし	2	2.5%
時期を見て再協議	4	4.9%
まだ係争中	20	24.7%
計	81	

4-19 【家庭裁判所を利用された方へ】調停や審判・裁判の結果決まった「間接」的な面接交流の頻度　回答数：64

特に決めていない（好きなだけ）	1	1.6%
月１－２回	5	7.8%
２－３カ月に１回	4	6.3%
間接交流なし	16	25.0%
保護命令により直接面会交流なし	1	1.6%
取り決めなし	3	4.7%
時期を見て再協議	4	6.3%
まだ係争中	30	46.9%
計	64	

4-20 【家庭裁判所を利用された方へ】 面会交流不可となった場合、どのような経緯でしたか　20件の回答のうち主な回答

〈子どもの意思を尊重〉……６件（から抜粋）

- 子どもの希望を最優先した。
- 子どもが強く面会交流を拒否した。
- 子どもの年齢が高いので意思尊重との事でした。

●子どもたちの意思が強かった。
●相手方が手紙を送るという条項だったが、子どもが受け取り拒否を続けたため、履行勧告を経ることなく、再調停を申立てられた。結果として虐待を受けた上の子への間接交流はなしになった。下の子についても、裁判所の判断ではなく、相手から手紙等が送られてこなくなった。

〈別居親の危険性を認められた〉……6件

●DVがあるから面会交流をしなくてもいいだろうと調停委員から話があった。
●一度決まった面会交流の決定を何度も破り、私に対する嫌がらせや脅迫があった。裁判官への誹謗中傷、裁判所への連日の嫌がらせ電話など、私が受けてきた嫌がらせを裁判所へも行い、私の主張が認められた。また、面会交流中に、相手方がキレて警察沙汰にもなり、子どもに完全に拒否されたことが１番大きかった。
●試行面会交流中の置き去りがあった。
●子どもがまだ小さいこと、居住地域の漏洩の危険があった。
●相手側の加害により、命を奪われる危険性が高いため。
●離婚調停中に試行的面会交流が行われた。その後子どもがかなり不安定になった。その後、離婚裁判の判決で離婚理由は夫からのDV・児童虐待が原因とハッキリ書かれ、面会交流が行われていないのも致し方ないと書かれたので救われました。

〈別居親が面会を求めなかった〉……３件（から抜粋）

●相手が求めてこなかった。
●相手側から請求がなかった。

4-21 【家庭裁判所を利用された方へ】面会交流をするようにとの審判が出た場合、どのような経緯でしたか　27件のうち主な回答

〈DV、虐待を裁判所が軽視〉……10件

●子どもが小さく、相手方にまだ懐いていたが、相手が精神疾患にかかっており自殺をほのめかすなどして私を思うようにコントロールしようとしたため拒否を主張したが、面会交流をするのが主流だからと、DVや命の危険とかは無視されて決定が出た。
●試行面会でもかなり精神的に参っていたのに、何も考慮されなかった。

〈お金のため〉……３件

●父親がいた方がいいから。会わせれば養育費を払うからと，同居親の意見は完全

無視された。

〈親権と引き換え〉……１件

● 面会交流に協力的な姿勢であることと引き換えに、子の引き渡しおよび監護権・親権を獲得したため、DV加害者と子の面会交流を行いたくない気持ちは尊重されなかった。

〈面会が必要だと思った〉……３件

● 私自身も面会交流は必要だと考えているので、理解されていると感じた

〈子どもの意思を尊重〉……１件

● 子どもが会いたがったため。

4-22　子ども自身は面会交流を楽しみにしていますか　回答数：73

楽しみにしている、喜んでいる	15	20.5%
楽しみにしていない、嫌がっている	27	37.0%
どちらでもない	10	13.7%
わからない	11	15.1%
行っていない	8	11.0%
その他	2	2.7%
計	73	

〈その他〉

● 上の子は嫌がったのでここ最近は面会していないが、下の子は面会している。たぶん楽しみにしていると思う。
● 親なので当たり前という認識。楽しいも何もない。自然なことと思っていると思う。

4-23 子への虐待があった（なかった）子どもが、面会交流を楽しみにしているか

	児童虐待があった（n =48）		児童虐待がなかった（n =16）	
楽しみにしている	9	18.8%	3	18.8%
楽しみにしていない	23	47.9%	1	6.3%
どちらでもない	6	12.5%	1	6.3%
わからない	4	8.3%	6	37.5%
その他（面会していない等）	6	12.5%	5	31.3%
計	48		16	

4-24 面会交流前後や面会交流中のお子様の様子や気持ちを教えてください（楽しそうにしている、興奮している、嬉しそうである、緊張している、退屈している、体調を壊す、さみしがっているなど）回答：

〈負担に感じている様子〉……24件

- ２人とも自閉症があるのですが、面会交流をした前後はとても落ち着かず情緒不安定になり、前後１週間は学校も行けないほどでした。バッタリあったときやラインなどでの交流のあとは、つめかみ、ヘッドバンギング（頭を何度もゆらすこと）、貧乏ゆすり、不機嫌、不安定、多弁。イライラしていた。
- 緊急、体調不良、暴れていた。
- 緊張しており、「帰る」と言って不機嫌に。終了後も怒っていた。その後しばらくは、夜泣きが増え、家族以外の大人を怖がった。また、付添人である祖母が近寄ることを嫌がった。
- 交流後、友達と喧嘩して怪我させる等、暴力的になった。
- 行きたくない会いたくない、時間の無駄、と言っている。
- 行くのを嫌がり、母の同席を求め、面会中も萎縮している。
- 義務的で金銭を与えられるから行っていた。自ら望んではいない。
- 退屈そうにしていた。
- 当事者以外に相手方の親族10名ぐらいで取り囲むため、警戒している。
- 不安定で、自分の言動で今の幸せがなくなるのではないか？と神経質になった。
- 父親の話題で吐く、登校拒否。
- 別居親の所から戻るとストレスの塊で、当たりちらす。
- 面会は子どもだけで行っています。
  幼少期は前後に体調を壊す。精神的に安定しない事があった。不満をいうこともあったが、玩具などを買ってもらった時は嬉しそうにしている事もあった。
  小学生になり、不満ばかり言うようになった。幼少期にあった嫌な出来事もしっ

かり説明できるようになり面会に行きたくないと面会前後だけでなく事あるごとに言うようになった。面会当日も引き渡し場所に着いても行きたくないと言い半ば強引に送り出す事が増えてきている。行きたくないが欲しいモノを買ってもらう事で子どものなかで整理しているようだが「それしかないから買ってもらうけど面会がない方がいい」とよくいっている。
●面会へ義務的に出かけ、元夫と元姑に「お前はお母さんに捨てられた」「お前の母親はクズ」「クズに育てられて可哀想」などの暴言を吐かれ、泣きながら帰宅することが多かった。最終的に子どもが面会を拒否したのでやめた。
●面会交流後は、少し反抗的になっている気がする。
●面会交流前は体調を崩します。嫌な事をされて、ヤメテといってもやめてくれないと言っています。それでも父親と遊ぶのが楽しい事もあるようです。
●面会前後には毎回発熱や体調不良があり、面会中はハイになって楽しそうにしたり情報提供しようとしたりして、面会後には非常に不安定になります。具体的には歯磨きや通学など当たり前の毎日のことができなくなったり、攻撃的になったり、トラウマ反応が見られたり……などなどです。
●離婚成立後、２回しかしていないが、付き添いを認めなかったため、子どもはパニックになって、号泣していた。３歳の子がもうしたくないと言った。

〈楽しんでいる様子〉……９件

●ゲームができることを楽しみにしている様子。
●ごきげんであった。
●やや緊張している。遊んでもらうので喜んではいる。
●会う前は楽しみにしているが、帰って来た後はしばらくは寂しそうにしている。
●楽しそうにしている。
●物を買ってもらったりドライブへ連れていってもらうときは楽しそうにしている。
●面会交流が行われていた頃は、楽しそうだった。

〈特に様子に変わりない〉……５件

●あまり変わらない。
●誰かわからず接している。
●日常と変わらない。同居親と一緒の感覚だと思う。親だから。
●1、2時間ほどで飽きて終わりにする。

〈複雑な心境の様子〉……５件

●会えること自体は楽しみなようだが、父親が立ち会いの支援者と揉める様子も目にしているようなので、複雑な気持ちもあるように思う。

- 別居親を怒らせないよう気をつかっている。外の施設に遊びに行けることは嬉しいが積極的に会いたいという気持ちはない様子。
- 楽しそうな時もあれば、がっかりしている時もある。
- 不安そうにしている。
  楽しみにしている部分もあるが、終わったあとは必ず不安定になる。
  会いたいという気持ちと会いたくないという気持ちで揺れているように感じる。
- 若干緊張しているが、会えると嬉しそう。ただしずっと一緒にいると母親の元に戻りたくなる様子。

〈その他〉……3件

- 親子は親子、無理させず希望通り会わせる。
- 別居中、2人の子どもとも同時に面会した時は、1人は楽しそうだった。1人は面会場所の元自宅の様子やずっとゲームをしていたことを教えてくれた。

4-25　面会交流が、実際に子どもに良い影響を与えていると思いますか

回答数：71

思う	11	15.5%
思わない	39	54.9%
どちらでもない	3	4.2%
わからない	13	18.3%
その他	5	7.0%
計	71	

〈その他〉

- 良い影響はあると思うが、同じくらいの割合でストーカーされているので気味悪く思っており、半々。
- 良い影響を与える場合もあるとは思うが我が家の場合は無理にさせなくてよかったと思っている。

５．家庭裁判所への要望

5-1 【家庭裁判所を利用された方へ】家庭裁判所を利用した感想を教えてください

	家庭裁判所を利用して良かった		家庭裁判所は安心できる		家庭裁判所は信頼できる		家庭裁判所はDV被害者の声を聴いている		家庭裁判所は子どもの声を聴いている		家庭裁判所は子どもや家族の安全を守っている	
とてもそう思う	24	24.5%	7	7.1%	7	7.1%	7	7.1%	5	5.1%	7	7.1%
ややそう思う	19	19.4%	11	11.2%	13	13.3%	9	9.2%	7	7.1%	6	6.1%
どちらともいえない	30	30.6%	27	27.6%	29	29.6%	22	22.4%	24	24.5%	21	21.4%
あまり思わない	11	11.2%	29	29.6%	22	22.4%	27	27.6%	32	32.7%	32	32.7%
全くそう思わない	14	14.3%	24	24.5%	27	27.6%	33	33.7%	30	30.6%	32	32.7%
計	98		98		98		98		98		98	

5-2 家庭裁判所にどのような改善を求めますか（複数回答）回答数：93

調停委員・裁判所へのDV・虐待の研修	74	79.6%
家族問題カウンセラーや心理士の配置	62	66.7%
裁判所決定を下したあとの追跡調査やフォローアップ	59	63.4%
手続きの迅速化	45	48.4%
子どもの代理人制度、アドボケーター	45	48.4%
電話会議システム	34	36.6%
司法面接の手法を取り入れる	18	19.4%
その他	9	9.7%
計	93	

〈その他〉

- 面会したくない子どもの意思を尊重してほしい。
- DV被害者に対する理解がまだまだ足りない。調停委員さんが説得してくれていなければ、私たちは今頃死んでいた。
- 子どもの面会交流を義務化ではなく子どもの気持ちや今までの相手の言動を加味して決めて欲しいです。今は家族の形は様々です。父母がいて当然という考えは間違っていると思います。子どもにとって必要ない関わらせない方が良い父親もいます。

5-3 調停委員・調査官・裁判官・家庭裁判所について意見・要望があればお書きください　64件の回答のうち、主なもの

〈面会交流原則実施をやめてほしい〉

●面会ありきの考え方を今すぐやめて欲しい。会わない方が幸せな子どもや家庭もあることを熟知して、本当に子どもが望み、子どもにとって悪影響のない面会の設定を慎重に考えて欲しい。

●面会強要をとにかくやめてほしい。
子どもの意見をもっと取り入れてほしい。
子が十分に意見を言える年齢から面会をスタートしても良いのではないか。

●DV・児童虐待があっても、面会ありきとなっているのではないか。
子どもが虐待を受けて、面会拒否しても、試行的面会交流をした。その時、父親から離れて遊んでいて、調査官と同室でモニターを見ていたが、これは虐待があった時の反応ですねと言っていたにも関わらず、書面では面会交流が望ましいと書かれていた。「面会ありき」の結論かと感じた。DV・虐待の専門家の研修の実施を切に望む。

●原則面会交流の考えをやめて欲しい。騒いだ人の意見ばかりが通っているように感じた。公平な立場でいて欲しい。

●原則面会交流がこわい。加害があった我が家の場合には離婚後の加害継続、支配継続となり得る。逃げた勇気と子どもを守る行動を台無しにするようなことをしないで。生き延びるために逃げている。

●面会交流のゴリ押しをやめてほしい。面会交流をすることで DV被害者たちが改めて DV被害を受けたり、身の危険を感じることを何とも思ってないのかと感じる。

●原則直接面会交流の考え方を見直してほしい。個別性に応じて、考慮してほしい。なぜ、同居親が嫌がっているのか、そして、嫌がっているのにも関わらず、強制して良い影響があるわけがないことを、わかっているはずなのに、目をつぶらないでほしい。もし、強制するのであれば、何かあったときに裁判所（調停委員含む）と国の責任を明確にすべき。

●面会交流を通して嫌がらせや子どもを建前に同居親への不要な干渉，口撃，強要など様々な負担がでてきます。
面会をするだけではすまない精神的な負担が大きい事をわかってほしい。

〈子どもの権利を守ってほしい、子どもの意見を聞いてほしい〉

●子への面接時に誘導尋問のようなことをするのはやめて欲しい。

●優先すべきは子の意見であることを理解してほしい。また子が意見を言えない場

合には監護者の意見、医師や専門家の意見を子の意見の代わりに尊重してほしい。
- 子どもの権利を守って欲しい。
- 小さくても好き嫌いがあります。幼児期、小学生低学年で既に意見は言えます。子どもの意見を聞いてください。
子どもが面会したいのなら問題ないのですが、毎回嫌だという子どもに面会交流を強制するのは子どもにとっても親にとっても負担でとてもよくない。
幼児期に子どもが面会を嫌がっていましたが，私自身も「小さいし。今だけかもしれない。なんとかなるだろう」と軽く思っていました。ですが今も変わらず子どもが嫌だと言っています。一時期は嫌だと言わなくなりましたが、その頃に「嫌だけど仕方ないから行っている」と子に言われました。嫌だと言っているのに聞いてもらえないから諦めて言わなくなってしまったのかもしれません。幼くても意思はあります。子どもの気持ちを思うと胸が締め付けられました。軽く受け流した事を反省しました。

〈DV（精神的DV を含む）・虐待・モラハラなどについて、もっと理解してほしい・配慮してほしい〉

- DV被害者と加害者を同日、同じ場所へ、集めるのは酷だと思う。そして、深刻な DV だからこそ証拠をとることができない場合があることを理解してほしい。シェルターに入って行政の力をかりて、たったひとりの暴力的な夫から離れ安全な暮らしを手に入れるために、細心の注意を払いながら様々な努力をしている。なのに、第三者機関を通して面会交流が決定してしまったら、学校名がばれたり、いずれ電話番号や住所がばれてしまうことになると思う。それは今までよりひどい暴力や暴言が起こることを覚悟しなくてはならないし、築きあげた努力が水の泡になると思う。子の福祉の観点から、また更なる逃亡、急な転校などにならない配慮は大切なことだと思います。様々なケースがあるでしょうが証拠がなくても深刻な DV はあるということをもっと理解してもらえたらと思います。
- 虐待や DV、金銭を搾取してきた父親と会うのがなぜ「子の利益」なのか理解不能です。
- 精神的暴力も身体的暴力と同等の扱いにしてほしい。調停中は会わずに話を進めるのに面会交流で結局会わなくてはならないため同居親の精神的ストレスも考慮してもらいたい。
- 私は精神的、性的DV を受けたが、性的DV については理解度が低すぎる。
その虐待を受けたことで精神科受診をしていても、軽んじられている。
さまざまな虐待があること、それによって人権侵害を受けていることをわかってほしい。
- DV の恐ろしさを知ってほしい。

子どもの面会交流は、親に DV があっても子どもに DV するとは限らないと別に考えるのはやめてほしい。離婚後の DV の延長に、面会交流がある。
同居親は DV から逃げて、育児と生活と精神科に通いながらカツカツの生活をしているのに、その生活の負担を無視するのは二次DV です。

〈調停委員・裁判官・調査官等への意見、要望〉

- 調停委員が相手方の意見を伝えているだけでも、精神的に DV を受けている感覚になることもありました。DV被害者の心理状態をくみ取っていただけたらと何度も思いました。家庭裁判所に行く際にも、遭遇する恐怖がいつもありました。
- 調停委員さん、本当にお世話になりました。私よりも事件に怒ってくださり、親よりも頼れる存在でした。あなたのおかげで、いま、平穏な生活がおくれています。
- 裁判官、説得しやすいと見た相手ばかりに譲歩を迫るのはやめてください。こちらは命の危機なのです。裁判が早く終わる、などと言い、こちらを説得しようとするのはやめてください。その判決で我々母子が殺されたとき責任取れるのですか？
- 最後に理解ある裁判官だったために私たち親子は助かった。一度目の裁判官のような経験不足の方に当たると、死刑宣告を受けた気分になる。そのおかげで、私は精神バランスをくずし今も苦しんでいる。家庭内暴力について、加害者の心理について、被害者の気持ちについて、もっと学んでほしい。
- 調停委員が，男は子育てをしないのは当たり前という凝り固まった持論を展開されたり、こちらがまだ話しているのに何度も遮って発言され，そのたびに時間がなくなります。
  とても公平とは思えないです。

アンケート結果からの考察（編者：熊上）

本アンケート調査により、家庭裁判所の面会交流を利用している同居親の体験の一部が可視化された。海外では家庭裁判所の調停を利用した人への調査は、家庭裁判所、関係行政当局や当事者団体と協働で行われているが、日本ではなかった。また、家庭裁判所の調停は非公開であるから、一般の方々には、家庭裁判所での様子は分かりにくい。本調査により、家庭裁判所の調停委員会や調査官から、DVや虐待が主張されるケースにおいても、面会交流を促される、あるいは半ば強制的に促されるケースが一部あることが明らかになったといえる。

本調査からは、家庭裁判所の調停委員から「子が両親から等しく愛されていると感じられるために、定期的な面会交流が重要と言われた」「どんな親でも親だ、父親と子どもが良好な関係を育むことに協力するのが母親の務めだ」「原則面会交流なので、面会交流なしはありえないと言われた」と言われたなど、積極的に面会交流すべしと言われたのが69.0％、当事者の気持ちを尊重してくれたのが31.0％であった（4-11）。

家裁調査官からは（4-12）、積極的に面会交流すべしと言われたのが73.5％、当事者の気持ちを尊重してくれたのが26.5％であった。具体的には、「あなたに不利な審判になりますよ。親権失いますよ」「彼からされた過去のことはここで言ってもどうにもなりません」「とにかく早く父子関係を構築する必要がある」「どんな父親でもいた方がいい」「父親は子どものルーツだから」などと、当事者（同居親）の意向よりも、面会交流を強く促している実情が明らかになった。

家裁の裁判官から（4-13）も、積極的に面会交流すべしと言われたのが61.7％、当事者の気持ちを尊重してくれたが38.3％であり、「面会交流しないというのはあり得ず、月一が基本、と言われた」「やるのがルールなんだよ！　みーんなやっているんだよ！　子どもが熱出しても不安定になってもやるんだよ！　と恫喝された」という事例も報告されている。

また、本調査には、面会交流の調停に直面し、試行的面会交流や、直接・間接の面会交流を体験した子どもの心身の状況も明らかになったことに、これまでの研究調査にない大きな意義がある。

特に、子どもが面会交流を楽しみにしているか（4-22）という質問項目では、「楽しみにしている、喜んでいる」が20.5%、「楽しみにしていない、嫌がっている」が37.0%、「どちらでもない」が13.7%、「わからない」が15.1%であった。

面会交流を子どもが望む・望まないは、子どもによって異なる。

子どもが別居親に会うのを楽しみにしているのであれば、それを支援すべきであるし、嫌がっているのであれば、子どもの心理に悪影響を及ぼすことも考えられる。

面会交流中・面会交流前後の子どもの様子について（4-23）尋ねた項目も非常に重要である。

回答では「父親の話題で吐く」「面会交流前は体調を崩します。嫌な事をされて、ヤメテといってもやめてくれない（中略）それでも父親と遊ぶのが楽しい事もある」「夜泣きが増え、家族以外の大人を怖がった」「面会前後には毎回発熱や体調不良があり、面会中はハイになって楽しそうにしたり（中略）面会後には非常に不安定になります」「交流後、友達と喧嘩して怪我させる等、暴力的になった」など、子どもの心身に負担が生じているケースが24件報告された。一方で、楽しんでいる様子は９件、特に様子は変わらないは５件であった。このように子どもの状態は様々であるが、子どもの心身に負担や不安定さが見られる場合は、無理に行うべきではないだろう。

面会交流が子どもにとって良い影響を与えているかと思うか（4-25）を尋ねる項目では、「思う」が15.5%、「思わない」54.9%であり、子どもにとって面会交流が良い場合もあれば、悪い場合もある。

このような同居親や子どもの状況を踏まえた上で、家庭裁判所を利用している同居親は、家庭裁判所の調停委員会や調査官に対しては、どのような意見や要望を持っているのであろうか。

回答として、「優先すべきは子の意見であることを理解してほしい」「子が十分に意見を言える年齢から面会をスタートしても良いのではないか」「幼児期、小学生低学年で既に意見は言えます。子どもの意見を聞いてください。子どもが面会したいのなら問題ないのですが、毎回嫌だという子どもに面会交流を強制するのは子どもにとっても親にとっても負担」との意見も見られた。一方で、「調停委員さん（中略）親よりも頼れる存在でした、あなたのおかげで、いま、平穏な生活がおくれています」と調停委員会の態度に安心できた実情も報告されていた。

調査からもわかるように、子どもの心身に配慮できる家庭裁判所であることが望まれているのである。

イギリス司法省（2020）報告との関連

本アンケート調査結果は、2020年イギリス司法省報告の調査結果とほぼ同様となっている。イギリス司法省の調査では、DV（イギリス司法省報告ではDA：Domestic abuse）ケースで、子どもは家庭裁判所の手続きに関与できず、子どもの見解が有効に伝達できていないことや、非監護親と交流することを希望する子どもの声には耳を傾けられても、交流を希望しない子どもの意見は聴かれないか、またはその意見を変更するよう圧力をかけられる。このため子どもは心情を傷つけられ、子どもの裁判制度への信頼が損なわれると指摘されている。また、家庭裁判所の命令による面会交流により、虐待した親による継続的なコントロールや虐待の継続が可能になり、これが将来的に身体的、心理的に長期的な害悪を及ぼすとも指摘されている。

本アンケートで見られるような一部の面会交流を強く促す家庭裁判所の調停委員会や調査官の言動により、子どもが心身の調子を崩したりすることがあってはならず、面会交流とりわけ当事者間での協議が困難な家庭裁判所のケースの議論にあたっては、本調査結果をもとに子どもの心身に不調が生じるおそれがあることを理解する必要があろう。面会交流や親権に関する家庭裁判所での調停や審判においても、「子どものことを子ども抜きで決めないこと（Nothing about us, without us）」「面会交流や親権について、子どもの声を尊重すること」「DVや虐待の疑われるケースでの面会交流の決定は、継続的なDVや虐待につながるおそれがあること」も念頭におくことが望まれる。

本調査報告は、家庭裁判所関係者にとって耳の痛いものであるかもしれない。しかし、これまで埋もれてきた、聴かれることのなかった声と向き合う機会である。家庭裁判所が当事者双方の狭間で公平・中立を保ちながら「子どもの心を守る裁判所」になることを願ってやまない。

文献

細矢郁・進藤千絵・野田裕子（2012）「面会交流が争点となる調停事件の実情及び審理の在り方――民法766条の改正を踏まえて」『家庭裁判月報』64(7), 1-97.

東京家庭裁判所面会交流プロジェクトチーム（2020）「東京家庭裁判所における面会交流調停事件の運営方針の確認及び新たな運営モデルについて」『家庭の法と裁判』26、129-136.

UK Ministry of justice.（2020） Assessing risk of harm to children and parents in private law. https://www.gov.uk/government/consultations/assessing-risk-of-harm-to-children-and-parents-in-private-law-children-cases

第５章

家庭裁判所の面会交流調停を経験した同居親の体験談

本章では、家庭裁判所の面会交流の調停を経験した同居親９人に、婚姻・同居中の生活、その後の面会交流の調停や離婚訴訟での様子や心情、実際の試行的面会交流（家庭裁判所での調停期間中、家庭裁判所の内部で試しに子と別居親の面会交流を行い、観察すること）や、実際の面会交流における子どもの様子を記載していただいた。掲載にあたっては、ご本人の承諾を得た他、事例の匿名化に配慮している。

当事者の方々の手記であるため、整理されていない箇所もあるが、面会交流の調停やその後の面会交流での子どもの様子、同居親の心情が描かれたものとして、本邦では例のない貴重な体験談としてお読みいただきたい。（編者）

1　面会交流の当事者（同居親）の会の方々より

私たちは家族間暴力被害者親子の会です。当会の集めた私たち家族間暴力を受けた同居親の声を掲載させていただき感謝いたします。

DV は夫婦間の暴力と捉えられがちですが、夫婦間のみの暴力などあり得ず、家族の誰かがあらゆる方法を使って家族を支配しようとする家族間の暴力であることを知っていただきたく、ここでは“DV（夫婦間暴力）”ではなく、“家族間暴力”と表記いたします。

私たちはこれまで面会交流に悩む仲間と勉強会や懇談会を何度も行い、たくさんの方からお話を伺ってきました。今回は９名の方に体験談を寄稿していただきました。

体験談をご覧いただく前に、私たち被害者がどのような気持ちであるかを知っていただきたく前文を書かせていただきます。

※ここに記載する同居親および母親とは家族間暴力の被害者、別居親および父親は家族間暴力の加害者として記しています。

(1)　危険から子どもを守るには逃げるしかなかった

私たちは家族間暴力のことをよく知りませんでした。ニュースで「配偶者から殴られ……」と見聞きした時には「なんで、そんな人と結婚したの？危険な人だと気づかなかったの？」と不思議に思いながらも他人事として過ごしていました。しかし、私たちは気づかない間に家族間暴力の被害者になっていました。

被害に気づくきっかけは様々です。精神的な暴力から身体的暴力に移行した時に気づく人、被害者の異変に気づいた家族や友人から指摘されて気づく人、配偶者と同居し続けることがしんどくなり心身の不調から病院を受診した際に医師から指摘されて気づく人、配偶者に精神病だ等と言われ受けたカウンセリングで指摘されて気づく人、配偶者と離婚しようとして弁護士に相談した際に指摘されて気づく人、離婚後に気づく人もいます。配偶者はある時を境に豹変します。相手が暴力を振るう人だと分かって結婚したわけではありません。配偶者は怖い時もありますが、優しい時もあり、私たちは「彼を怒らせてしまった。私のせいだ」と反省し改善しようと努力します。しかし、日が経つにつれ、「配偶者に怒られないようにするにはどうしたらいいのか」という思考に陥り、生活の全ての基準が「配偶者の気持ちを害さないこと」になっていきます。

被害に気づくきっかけが様々であることに対し、配偶者から逃げることを決断するきっかけは共通しています。それは配偶者の暴力が自分だけでなく子どもにまで振るわれる危険を感じることです。

私たちは、子どもと自分を守るために配偶者の元から避難しました。子どもたちも、父親から直接暴力を受けたり、恐怖に慄く私たちの姿を少なからず目にしています。

⑵　面会交流に同意しない親は親権者・監護者として不適切？

何とか逃げ出したところで、携帯電話には配偶者からの電話やメールがやみません。そして別居後も家族間暴力のひどい被害症状に悩まされたり、別居しても離婚してもなおやまない配偶者からの攻撃や、社会の家族間暴力への無理解に追い詰められ、精神科・心療内科に罹る親子はとても多いです。そのような中でも、面会交流調停が申立てられたという知らせが裁判所から届きます。どうしたら良いか分からず、自治体の女性相談センターや弁護士をインターネットで必死に探して相談に行くと「面会交流は拒否できないです。早く離婚できるように頑張りましょう」と言われます。「DV、虐待があったのですが」と話すと、「相手を刺激するから言わない方がいい」と言われてしまい、被害の主張すらとめられる方もいます。

このように親子共に弱った状態で調停は始まります。家族間暴力があり怖いと危険を訴えても、ほとんどの場合“同室しない”“別室で待つ”の配慮しかありません。代理人のみ調停に出席してもらうこともできますが、多くの被害者は「出席しないと悪い親だと判断されるのではないか」という不安や、代理人から「自分で話さないと状況が伝わらないから」と言われ、相手と会わないかと極度の緊張と不安の中、裁判所に向かいます。調停日を配偶者と別日にしてもらえる事例がまれにありますが、被害者の安全確保のために、このような最低限の配慮が当たり前にされるようになってほしいと思います。

本来面会交流調停・審判は、子どもの健全な成長を助けるものである必要があり、子どものことを考え、子どもに負担をかけることのないように十分配慮し、子どもの意向を尊重した取り決めができるように話し合いが進められるべきものであると考えます。

監護者は子どもと一緒に生活をし、日々の暮らしの世話や教育を行います。家族間暴力の被害による症状で自分がどんなに苦しい状態であっても、私たち同居親は監護者として子どもを必死に守って生活しています。しかし、裁判所に子どもの心身の状態や配偶者の危険性を理由に「面会ができない」と伝えると、その一点のみをもって「子どもを守っている監護者」ではなく、「別居親と子どもを断絶する悪い親」であるかのような扱いを受けます。そして、「会えない別居親がかわいそう」「両親の愛を感じることが子どもには大切」「養育費をもらうには面会させないと」「調停で面会を拒否しても、審判で面会交流の決定が出ますよ」「面会を拒否するなら、親権は取れない」「まずは試行面会をいつにしますか」と面会交流を促されます。

「面会交流調停は実施することを前提に進められた」「監護者である同居親の意見や子どもの状態はほとんど考慮されない」「医師やカウンセラーの意見書も参考にするというだけで考慮してもらえない」「話し合いの場とはとても思えない」との声が当会に多く寄せられています。また、「2、3回面会交流をすると、子どもが別居親の思い通りにならないので別居親が面会交流を控えていく場合もあります」等と交流を試行するよう促すなど、子どもの安全ではなく別居親の要望を優先させる発言を裁判所からされたという声も聞きます。

一般市民の良識を反映するはずの調停委員や調査官から、公的な記録が一切残らない密室で加害者との面会交流を何度も何度も求められる恐怖や孤独は言葉では言い表せません。

“別居親の暴力から必死に守ってきた子ども”と“私たちを攻撃し続ける危険な別居親”との間を取り持つことが、私たちが子どもにできる最善のことなのでしょうか。私たちは同居時に散々その努力をしました。心も体も恐怖で壊れるまで努力しました。

私たちは家族ではありましたが被害者と加害者という関係性になりました。被害者と加害者が協力するということは被害者の犠牲の上にしかなりたちません。安全な暮らしを保障できないのであれば、恐怖を訴える私たちに理想の家族像を求めることはやめてください。

⑶　子どもの利益とは

当会では、離婚を優先したい一心で、面会交流を悩みながらも承諾した同居親の話を多く聞いてきました。その方々は後に「面会交流を実施し始めてから子どもの様子がおかしい。私も相手と関わらなければならずつらい。子どもが苦しんでいるのに面会交流をやめることができない。どうしよう」と苦悩されています。

家族間暴力加害者である別居親と子どもの面会交流を、家族間暴力被害者の同居親が「はい、ぜひ面会交流しましょう」と同意することはできません。「面会交流を通して、子ども本人に別居親が危険な人物であるか判断させるべき」という考え方もあるようですが、この考えにも同意することができません。子どもに怖い思いをさせたくない・危険な目に遭わせたくないその一心で、殺されるかもしれないと震えながら必死で守ってきた大事な子どもだからです。

「子どもへの危害が不安なら第三者機関を利用すればいい。あなたも相手と会わなくて済むよ」という話もよくされますが、第三者機関は必ずしも子どものための機関ではありません。別居親が利用規定を破って支援を打ち切られた時でも、何があったか報告書を出してくれる支援機関はほとんどなく、面会を嫌がる子どもに取り決めを守らせるために別居親と同じ部屋に閉じ込め、無理やり面会交流を継続させた事例さえあります。

家族間暴力の被害者にとって面会交流を実施することが、子どもとの安心安全な暮らしを失うことと同義であることを知ってください。

監護者である私たち自身が誰よりも子どもの安心安全な暮らしを望み、それを実現するために頑張っていることを知ってください。

面会交流を実施することだけが、親の愛情を感じる手段ではないことを知ってください。

⑷ 子どもに起きる事象は全部、同居親の責任？

当会にも多くの声が寄せられていますが、乳児が面会交流を拒否することは極めて困難です。理由は、乳児は言葉が未発達で気持ちを言語化できない上、監護者の主張が考慮されることはほとんどないからです。幼児・小学生は家庭裁判所調査官とまず遊んで仲良くなります。学校や好きな物の話等の流れから「お父さんと会ってみない？」と促され、少しでも前向きな発言をすると試行面会交流が実施されます。子どもが「会いたくない」と言っても、家庭裁判所調査官が「お父さん、○○ちゃんにとっても会いたいって言ってるよ。どうしたら、会えそう？」「お父さんとどんなことしたのが楽しかった？」「お母さんが良いよっていったら会ってもいい？」等と子どもの傷ついている点を避け、どうしたら面会交流を実施できるか直接的、間接的に何度も質問をされます。子どもが「それなら大丈夫かも」といった発言をすると、“子どもは別居親に会ってもよいと考えている”と調査報告書で結論づけられる例もあります。また、子どもがはっきりと拒否し続けても、“同居親の顔色を窺っているようだ”等と捉えられたり、実際に試行的面会交流がスムーズにいかない場合にも「回数を重ねれば慣れる」と家庭裁判所から判断されてしまうこともよくあります。

私たちは、暴力や危険から子どもを守らなければならないという価値観を調停の中で根本から揺るがされ「逃げようがない」「どうしよう。家庭裁判所には彼（別居親）の危険性が伝わらないし、子どもには父親の危険性をとても説明できない」「面会させないと養育費がもらえない」「親権が取れなかったらどうしよう」「子どものために面会させない私はダメな親なんだ」と混乱します。

面会交流を実施している家庭では、「面会交流が実施できないと間接強制金を支払わなくてはならない」「別居親から攻撃され、また裁判所に訴えられるのでないか」という恐怖から、嫌がる子どもに「頼むから行って！」と懇願する同居親や、「行かなきゃママが罰金払わなければいけないのでしょ？　養育費をもらえないのでしょ？」と同居親を気づかって面会している子どももいます。

間接面会交流でさえ、成績表を送ると「もっと勉強しろ」と責められ、写真を送ると服装を責められ、頑張って手紙の返信を書いても「父（別居親）への感謝の言葉がたりない」、などと責められます。子どもも親も間接交流ですら大きな負担となって苦しんでいます。

仕方なく承諾した試行面会や面会に同意した調停後、子どもの心身に不調が出た際に「面会を拒否したい」と別居親に訴えても「心身の不調がでているのはあなたの育児に問題があるからだ」と責められます。家庭裁判所で決まったことなので別居親の同意なしには面会を拒否できません。

もう一度面会交流調停を起こすには、またたくさんの時間・労力・お金がかかり、再調停をしても「状況が大きく変わっていないから」「とにかく一度会えたのだから少し慣れたはず」と面会を中止したいという主張が家庭裁判所で認められることはほとんどありません。

面会させるのは同居親の責任、子どもや同居親が心身に不調をきたしても、同居親の責任。調停で面会交流を促したり、審判で面会交流を言い渡した家庭裁判所は、何も助けてはくれません。

(5)　家族間暴力の危険性を知ってください

家族間暴力の本質は家族全員をコントロール・支配することです。悲しいことに、被害に遭った人にしか理解できない部分が多いと感じます。家族間暴力について、社会全体で理解することが重要です。自治体の相談窓口や親しい人に被害を相談した際「夫婦げんかの延長」「どっちもどっちなのでは？」という家族間暴力に無理解な発言をされ、被害者は傷つき、相談先を失い、孤立していきます。

家族間暴力から避難した子どもと同居親のことをどうか守っていただきたいと切に願います。監護者である同居親の不安定は、子どもの心身の不安定に直結します。

育児は、保育者や臨床心理士等の様々な人に協力してもらいながら、その子どもがどうしたら健やかに過ごしていけるのかを考えながら行うものです。その上で、監護者の存在は極めて重要です。

先ほども述べましたが、家族間暴力の加害者と被害者に一緒になって子どものために協力し合うよう求めることは被害の継続を意味するとても危険なことです。

家族間暴力の被害者である同居親は子どもを必死に守りながら、別居親を怒らせないよう身を潜めるように生活しています。しかし、現在、面会交流調停を申立てられた多くの同居親は、面会を拒否することを認められていません。これは、被害者親子が加害され続けていることを意味します。

はっきりとは伝えられなくても面会交流を負担だと感じている子どもたちの声に、「子どもの安全を守りたい」と訴える監護者の声に、ぜひもっと耳を傾けてください。

私たちのような親子を家庭裁判所が守ってくださると信じています。

2　9人の体験談

(1)　Aさん
(離婚裁判と並行して、面会交流を行っているケース、子どもは小学1年生)

結婚当初は共稼ぎだったが、結婚してしばらく経ったとき、家に帰ると部屋中が荒らされていたことがあった。振り返るとこの頃から違和感を抱いていた。書類がビリビリに破かれ、ゴミがあちこちに散乱していた。理由を聞くと「僕がどれだけ寂しい思いをしているか知ってほしい。反省しているなら何も言わずに片付けろ」と言われた。夫は仕事が忙しい時期で、連日の帰宅時間は深夜を回っていた。あまりに突然の変化だったことから、「病気になってしまったのかもしれない」と思い、美容院や歯医者の予約からお風呂後の服の準備まで、できうる限りのことをして夫への負担を取り除こうと努めた。「仕事を辞めて支えてほしい」と言われたことで夫の限界を悟り、仕事を辞めて専業主婦になった。夫は国内転勤に加えて海外転勤の可能性もあり、いずれ仕事を辞めて転勤についていかなければならなかったため、納得した上での退職であった。

専業主婦となったことで、夫との関係に変化が生じた。新婚生活では、多くの家庭が配偶者との喧嘩を経験するだろう。しかし、我が家の喧嘩は一般的なソレとは違った。夫が発言しただけで、いつの間にか約束をしたことになっていて「なぜできていないんだ」と言われた。少しでも反論をしようとすると「言い訳するな。なぜ一言目に『ごめんなさい』を言えないんだ」と怒鳴られた。お皿やゲーム機等、癪に障れば周りにあるものを何でも投げられた。そんな夫が次第に怖くなり、私は自分の意見を言えなくなっていった。命令をされることが日常になり、気がつけば上下関係ができていて、対等な関係ではなくなっていた。つらいことを「つらい」、嫌なことを「嫌だ」と素直に言えない抑圧された生活の中で、夫が寝ている横で声を押し殺して泣く日々を過ごした。夫がいる家の中は、自分があるがままで寛げる場所ではなく、常に緊張感に包まれる空間だった。さらに「お前は馬鹿だ」「ブスだ」等と否定されることで自尊心もズタズタになり、自分が傷ついていると気が付く心の余裕も無くなった。繰り返される暴言や暴力を受けても、不当でおかしいことだとも思えなくなっていき、つらいことが当たり前になって、「つらい」と思う感覚さえも麻痺していた。殴られても蹴られても、刃物を突き付けられても「私が夫の気分を害してしまったのかもしれない」と、自分の非を探すようになった。とはいえ体は正直なもので、夫が怒るたびに震えや腹痛、吐き気の症状が出ていた。

そんな生活を３年間も続けていると「自分」が無くなる。食事の献立も着る服も、夫婦の会話でさえも「これなら夫の機嫌を損ねないかな」と考えながら選ぶことが基準になるからだ。私は「自分」を殺すことでしか結婚生活を続けることができなかった。たとえ周りの人に「離れた方がいい」と助言をされても、「自分」を失っているときに自分の意思を必要とする“逃げる”“離れる”を選ぶことはできない。自分の力だけで自分に関わる意思決定をする力は、ほぼ残っていなかった。結局、子どもの前で暴力を振るわれ、子どもも虐待を受け、警察や弁護士が介入するまで離れる決断はできなかった。

離れる決断ができたのは、「子どもを守れるのは私だけ」と思ったことだ。自分のためではなく、子どものためだからこそ、離れる決断ができたのだ。DV を目撃したり、虐待を受けた子どもには、その記憶が残っていて、脳が変形・肥大してしまう影響があると聞く、面前DV や虐待から子どもを守れなかったことは、後悔をしてもしきれない。

離婚裁判では、DV や虐待の証拠があっても夫は反論してきた。「お前が怒らせたからだ」「物は投げたが妻には当たっていない」「命の危険はなかったから DV ではない」と言われた。夫によると、子どもに対する虐待も「しつけ」であり、必要なことだったということで反省の言葉はない。しかし、そのような状況でも、夫と子どもとの面会交流は当たり前のように強制されている。調停委員からは、たとえ、子どもへの虐待があっても、配偶者への DV があっても、よっぽどのことがなければ、面会交流を拒否することはできないと言われた。試行的に一度やってみて、やれてしまえば、次も続けないといけなくなってしまう。子どもは、現在、小学1年生。面会交流では毎回のように子どもに私の悪口が吹き込まれる。

「パパがね、ママが悪いって言ってた」「パパがね、ママがパパを騙したって言ってた」と面会交流から帰って来た子どもに言われるたびに、子どもを守るにはどうすればいいのかと悩む。子どもが安心して生活をしているのに、夫は、監護養育している私への信頼を失わせようとする。こうした言動を面会交流の機会を利用して行うことは、子どもへの虐待だと感じる。子どもは面会交流が終わるたびに情緒不安定になる。「親子なのだから面会交流はさせるべき」「それに応じないのであれば親権者として不適格」という家庭裁判所からの圧力を前にすれば同居親は無力であり、面会交流の約束は守らなければならない。子どもを守るためには夫と距離を置く以外に方法がないため離婚を選択したのに、面会交流が強制されるなら子どもを本当の意味で守ることはできないと痛感している。

最近、夫が、共同親権の導入をめざす活動に参加していることがわかった。DV や虐待を認めずに、面会交流の機会を利用して威圧的な言動を重ねてくる夫と、相互に協力が不可欠な共同監護や共同決定ができるはずはない。第三者を挟まないと連絡を取ることでさえも怖く、相手の名前を書面で見るだけで苦しくなって震えがでる。このような状況で、裁判所から共同親権を命じられるようなことがあったらと思うと怖くてしかたない。共同親権への法改正をするなら、DVや虐待の被害者を守る制度がなければならないはずであるが、現状は、DVがあっても、虐待があっても、面会交流に応じることが強要されていて、被害者や子どもを守れているとは言い難く、不安が募る。

⑵　Bさん
（子どもが就学前に別居、相手方が面会交流調停を申立て、家庭裁判所で試行的面会交流をしたケース）

子どもが生まれた直後から子どもの前で暴言を吐かれたり、怒鳴られたりするようになりました。私が、夫に対して、ギャンブルばかりで育児に参加しないこと、子にタバコの煙を吹きかけたりすること等に意見すると、夫は壁を殴ったり、携帯を叩きつけて折ったり、最後は出ていけと言って私を殴りました。子どもがそれを見ていたため、「家に帰りたくない」と怯える様子を見て、子どもが5歳の時、子どもを連れて家を出る決意をしました。

別居後は、支援措置（編者注：DV被害者を保護するため、住民基本台帳の一部の写しの閲覧及び戸籍の附票の写しの交付について加害者からの請求・申し出を制限する措置）をとり、元夫だけではなく、両親や親しい友人にも住所を隠して、いつ見つかるかわからない恐怖のなか暮らしています。暴力にビクビクしないで、穏やかに暮らしたいと思って家を出ましたが、面会交流調停では、DVについては全くと言っていいほど無視されました。DVを訴えても、「そんなことするような人には見えないですよね」「父親がいない子はちゃんとした大人に育たないですよ」と調停委員に言われました。DVをしていた親よりも、面会を拒否する親の方がむしろ責められて、「何がそんなに怖いんですか」「具体的に何をそんなに恐れているんですか」などと毎回聞かれました。そのたびに相手方への恐怖心、万が一居場所が知られてしまった場合の危険性について説明しました。暴力をふるわれた時の記憶が蘇るたびに体調が悪くなり、裁判所で元夫と顔を合わせるかもしれない恐怖で吐いたり、頭痛や腹痛、手足が震えたりといった症状で調停期日の前後は本当に苦しみました。

元夫との面会交流の危険性や、「子の精神状態と生活を安定させることを重視したい。そっとしておいてほしい」という訴えは聞き入れてもらえず、裁判官から、「自分で試行面会を選択するか、裁判所が試行面会を決定するかどちらかの選択肢しかありません」と迫られ、やむを得ず、試行面会をすることにしました。

試行面会では、始まってすぐ子が「帰りたい」と言いましたが、元夫は無視し、子の許可もなく子の写真を撮ったり子に触ったりしました。子どもは、面会後、それがとても嫌だったと私に訴えました。面会後、子どもは体調を崩し、精神的にも不安定になり過度に甘えたり、無意識に常に指を噛むようになり、面会の話をすると「面会もうしたくない」と泣くようになりました。

そのことを調停で伝えましたが、取り合ってはもらえず、「時間が経てば大丈夫ですよね」「何年も会ってなくてお父さんかわいそうだから会わせてあげないと」などと言われました。医師にも受診し、「精神が安定するまで面会は控えるように」という診断書を調停で提出したのですが、調査官からは「他に悩み事があるせいじゃないですか」「お母さんの面会に対する否定的な気持ちが子どもに伝わっていて、そのせいじゃないんですか」と言われました。

元夫も、子どもの不安の問題はスルーして、すぐにでも面会したいと要求しました。その一方で、元夫は、養育費について、「面会させないなら払わない」と言い続け、自発的に払おうとはせず、子どものことを考えているとは思えませんでした。調停委員からは、「まずは面会交流の方が大事ですからそっちを先に決めましょう」「面会すれば払おうって気持ちになると思いますよ」と言われて、面会についてしか話さない期日が何回もありました。調停開始から３年経ち、元夫が月額15,000円の養育費を支払い始めると、「払っているんだから会わせてあげてください」「会わせないとお父さんかわいそうですよ」と言われました。裁判所では養育費と面会がバーター（交換条件）として扱われているように思いました。

調停委員、調査官に毎回、「子の福祉のために父親に会わさないと」「子の利益のために面会させなさい」と言われましたが、これだけ子どもが嫌がっていることは無視して、「子の福祉」「子の利益」と言うことが矛盾しているなと思います。

面会によって子どもに悪影響が出た場合、裁判所は何も責任をとってくれるわけではありません。子どもを実際に育てている親の意見も無視されます。同居中のDVや面前DV、それによる心の傷や、子の意思を軽視してどうやって子の福祉が叶えられるというのでしょうか？

離婚後の共同親権については、それを主張する方々が、子連れで家を出た人たちに対し「連れ去り親」「虚偽DV」等の言葉で非難していることが気になります。暴力や暴言を認めず、「急に家を出て行った」「通報したのは相手方（私）の自分を貶めるための計算だ」という元夫の主張と重なっていると感じます。DV被害者の声が聞き入れられず、子に害のある親との面会交流さえも強制させられている現在の日本で、離婚後共同親権が導入されたらどうなってしまうんだろうと危機感を持っています。

⑶　Cさん
（子どもが未就学で別居し、面会交流調停では解決できず、審判に移行したケース）

「今後の生活費のことを話したいんだけれど」という私の話に対して、夫は、「俺が一生懸命働いているのに、少ないって言いたいの？　主婦ならば、それでやりくりするのが仕事でしょ？」「俺より稼げるでしょ？　稼いで来いよ」と矢継ぎ早に言い立て、明らかに不機嫌になり、ドーンと壁を殴り、それからしばらく無視されます。

夫という言葉を使いたくないので、配偶者をＺという言葉に変えます。

私は専業主婦で、当初は家庭にお金を入れていないことに負い目があり、自分の貯金を一部生活費に入れていました。しかし、そんなことはずっと続かないので、今後のお金の話をＺとしたいと思い、話を切り出したところ、Ｚの態度が一変しました。Ｚに無視されるようになり、一生懸命働いてくれているのに失礼な言い方をした私が悪いのだろうと自分を責め、解決策が分からず、「ごめんなさい」と言い続けました。

Ｚは不機嫌になると、物を投げ、学歴の差を持ち出し、何が悪かったかをＺが納得いくまで詫びろと言い、Ｚが求めれば性行為に応じざるを得ませんでした。こうしたことが何十回とあり、Ｚに対しては、TVの話などの当たり障りのない会話をするように心がけ、Ｚのご機嫌を常にうかがうようになっていきました。

しばらくすると、双子を妊娠しました。本当に産んでも大丈夫なのかと生活費の不安をＺに話しました。Ｚから「生活費が困るなら、生活保護を受ければいい。子どもをおろしたら、離婚する」と言われました。私は「こんな話をしてごめんなさい」と謝り、「産んだら、私が働けばいい」と自分に言い聞かせました。多胎児の養育に不安が大きく、私が「自治体の産後サポートを受けたい」とＺに伝えたら「お前はその時間休める時間があっていいな。保育士は１人で３人の乳児を面倒みるんだから、母親ができないわけないだろ」と言われ、サポートを申し込むことができませんでした。しかも、経過が悪く緊急出産になり、突然始まった双子の育児の目まぐるしさに、出産後、働くことなどできませんでした。

しばらくの間という前提で、私は、子どもらを連れ、実家に戻りました。実家に戻っても、子どもらの世話が大変で、寝る時間もありませんでした。看護師さんや保健師さんからは「産まれたら、男性は変わる」と言われ、それを信じてきましたが、実家に会いに来ても、Ｚは、子どもらを抱っこしながらゲームをするだけ。他のことは何もせず、私が「手伝ってほしい」と言うと、「仕事で疲れてるのに、頑張って面会に来てるんだぞ」と怒りました。このままでは私が潰れてしまうと思いました。怒鳴られることも怖くなり、自宅に帰れなくなりました。一人の子どもに障がいがあることが分かり、「子どもの障がいの責任をお前が取れ」とＺからメールが送られてきた時、私はこの人と一緒にいることは無理だと思いました。それ以来、Ｚの名前を見るだけで吐き気・動悸・震えの症状が出るようになりました。友人に相談して、はじめて、身体的暴力ではないDVがあると聞き、自分がDV被害にあっていたことを知りました。その一方で、他の友人にも相談したら、「どっちもどっちなのでは？」「子どものために20歳までは離婚しない方がいいよ」と言われ、DVについて、理解されていないことを悟りました。それからは、人に相談することも怖くなり、近しい人にも何も言わないで孤立していきました。Ｚから逃げたくて、母子寮に入りたいと福祉課に相談しましたが、「離婚していないから入れない。多胎の乳児の受け入れは厳しい」と言われ、実家に居続けました。子どもらの寝ている隙間に、女性センターに数回電話相談もしました。「つらかったわね」と言われるだけで、解決方法までは教えてもらえませんでした。そして別居して１年ほど経過したころ、

Ｚから面会交流の申立てがありました。

私は、「子どもらは小児喘息を持ち、小さく生まれているので病気が重症化しやすい。障害があり、今は面会させる状態ではないです。無理させると二次障害になります」と訴え、子どもの小児科の診断書、「うつ状態」と書かれた私の精神科の診断書、LINEの記録、友人の証言を裁判所に提出しました。女性センターで相談した際にDV相談証明書をもらえると聞いたので問い合わせたら、電話相談だけでは証明書は発行できないと言われて、愕然としました。子どもらを連れて外出できないので、予約して電話相談していたにも関わらず本人証明ができないからという理由でした。

調停委員からは、「あなたの提出されたものは離婚調停の内容になります」と言われ、面会交流の調停とは関係がないと扱われ、その後、DVに触れられることはありませんでした。家庭裁判所では、「発達障害があっても保育園に行けているので問題ない。母親の精神科の診断はあくまで本人の自己発言にすぎない。非監護者から監護者に対す高圧的な態度は一時的にあったかもしれないが、子どもには関係ない。育児ストレスは、面会交流の実施で逆に軽減されるからいい」と言われ、面会交流に応じるよう強く説得されました。

医師の診断書についても信じてはもらえず、なぜ信じてもらえないのかが不思議で仕方ありません。家庭裁判所で行われていることは、「面会交流強制」としか言い表せません。結局、調停では、面会交流について合意することができず、手続きは審判に移行しました。

別居して数年経ちますが、いまだにＺに対する恐怖感があり、フラッシュバックが続いています。悪夢を見るので、寝ることにさえ抵抗があります。似た背格好の人を見ると、隠れます。吐き気が止まりません。DV加害者と別居したら、被害者は体調も戻って普通の生活を送れると信じていましたが、いつまでも加害者の影に脅かされ、安心した生活ができず、未だ後遺症に悩まされています。

家庭裁判所は、子どものためと言いながら、結局は面会交流と養育費をバーター（交換条件）のように説得することをやめてください。面会交流が別居親の権利であるような考え方をしないでください。また、私がＺのことを悪い人だと子どもに言い聞かせているのではないかと責められますが、実際には、Zのことを思い出すと体調不良になり、口にすらできません。一方的に監護親だけを責めないでください。

「そんな人と結婚したのは、自分。こうなったのも、自分の責任」と歯を食いしばって生きていますが、本当につらいです。子どものためにと協力し合えない親がいること、面会交流によってDV加害する人から逃げられないことで苦しんでいる人がいることを、社会の皆さんに知ってほしいです。

⑷ Dさん
（2度目の離婚調停で離婚後、面会交流の調停を経験し、現在は、間接交流をしているケース。別居の時、子どもは未就学児）

再婚した相手がモラハラ（編者注：モラルハラスメント、精神的DVのこと）の夫だった。職場で知り合い、バツイチで、元妻が浮気して子どもを連れて出て行ったと聞いていた。結婚前は優しかったが、結婚したら段々と暴言が始まり、子どもが生まれても酷くなる一方だった。元妻の悪口が増えていき、「元妻は贅沢で我儘だった」などと言い、暗に私に贅沢は許さないと伝えてきた。自由になるお金は渡されず、足りなかったら言うように言われ、足りないと言うと何に使うのか聞かれ、ファンデーションが無くなった、髪が伸びてきて子どもの世話に邪魔なので美容院に行きたいなどお伺いを立てると、「俺がいるのに綺麗にして他の人を探したいの？」などと言われ、相手にされなかった。

性生活に応じないのは悪意の遺棄と同義だなどと言われ、出産前後でも応じざるを得なかった。言葉や態度で圧力を掛けてくるので、傷つけないように断っていたが、段々怒りを露わにするようになり、「させないのに外でしたら怒るんでしょう？　理不尽だ！」と言ってドアをバターン!!と閉めて自分の部屋に籠もる夫。数日間無視されたこともあった。産後1ヶ月目の日に、まだ無理だと断ったら、突き飛ばされた。

冷蔵庫やゴミ箱をチェックして、昼間何を食べたかを探り、納豆などの質素な食べ物でも贅沢だと言い掛かりをつけられた。機嫌を損ねると、車の運転も乱暴にされた。産後、保健師さんの訪問で夫が怖いと打ち明けた。話を聞いた保健師さんは、「モラハラだと思う」と言って、行政に相談するよう勧めてくれた。「ストレスで母乳止まっちゃうよ」と心配してくれた。私は子どもが生まれたばかりで、離婚できる気がせず、お礼を言っただけで、その時は何もできなかった。

彼のモラハラは、子どもが生まれたことで直るどころかエスカレートしていった。ワンオペ家事育児でボロボロなのに、「浮気してるんじゃないか」と遠回しに言って来るのも気味が悪かった。生活費を毎月お願いしないともらえないので、「今月分出して来てもらえる？」と聞くと、子どもを抱いて座っている私の上からお金を落として拾わせ、「どうせこれが目当てなんでしょ」と言った。不満を箇条書きに並べた置き手紙が置いてあり、セックスレスや家事や連れ子に対する言いがかりを責める長い手紙を受け取ったら、「勝手に手紙を見た」と言われ、離婚調停の前にそれを返してくれと言われた。アパートの契約を切ると言われ、「住む所を探すからもう少し待ってください」と頼んで急いで実家に助けを求めて引越しして、仕事を探し、保育園も探した。引越した後に離婚調停を申立てたが応じてくれず不成立になった。私の連れ子に対する逆恨みのようなことも言われた。

一年ほどして、婚姻費用の支払いが嫌になったようで、夫がやっと離婚に応じてくれることになり、二度目の調停を申立てた。裁判官が、面会交流については、「曖昧な文言にしておけば大丈夫」と言ってくれて「２ヶ月に一回『程度』、諸事情によりできない時は写真を送る」という条件で離婚した。何度も養育費が滞り、一方的に半額にされるなどしたので、怖くて面会交流ができなくなった。その後完全に養育費が止まったので強制執行の申立てをしたら、養育費減額と面会交流調停を申立てられた。

最初の離婚調停から数えると、三度目の調停だった。三度目は、厳しい裁判官だった。「子どもが不安定になっても熱出しても面会やるんだよ！　それがルールなの！　みんなやってるの！」と言われたが、恫喝としか思えなかった。「このまま拒否するなら審判になり、養育費減額も決定、毎週末面会にもできるんだからね⁉」と脅され、その場で泣く泣く、翌月の面会を設定させられた。

その後理解ある弁護士さんが見つかり、裁判官の言動を書面で確認してくれた。すると、裁判官は、打って変わったように、そんな脅しはしていないという返答をして、調停は仕切り直しになった。結局、当面の間、面会交流は、写真送付のみで良くなった。その代わり、養育費は算定表よりも１万円少ない額とされた。四度目の調停がいつ起こってくるのだろう。それを考えるとずっと生きた心地がしない。

どうしたら安心して暮らせるのか？　家裁の言う通り感情を殺して相手に従って面会交流に応じることが子どものためになるのか？　国が、共同親権の導入について検討しているようだが不安である。再婚相手のDVや虐待を共同親権で防げるという意見を聞くことがあるが、それで防止できるとは思えないし、むしろトラブルの原因となるのではないか。DVの被害から逃げられなくなる恐怖の方が大きい。

⑸　Eさん
（別居時に高校生、中学生、小学生の３人の子どもがいた。離婚調停で、子の調査官調査が行われたケース）

私が家を出たのは、約８年前のことです。夫が怒って、到底人間とは思えない表情で、子どもたちを殴る蹴るなどした後、私に覆いかぶさり首を絞めてきました。私は殺意を感じ取り、子どもたちを玄関から押し出すようにして逃げ、警察に保護されました。靴をはく余裕もなかったことから裸足で、その時、正直、所持金3,000円しかありませんでした。

当時は、仕事もお金も住むところもなく、実家も遠くて頼れない、何もない状態でした。しかし、８年経った今、安心した生活を少なからず送れ、子どもたちを進学させ、私自身も、通信制大学に編入するなど夢に向かって努力するという体験をしています。おかげさまで、いろんな方の助けを借りて今に至ります。被害者ママにこれを強く言ってあげたいのですけれども、「未来を諦めないでほしい」です。

母子寮で会った女の子は中卒で就職していました。理由を尋ねると、「うちは母子家庭だから」と答えてくれました。また、あるお母さんは年金を払えず、老後が心配じゃない？　って聞いたら、「明日のご飯の方が心配よ」って、「そんな先のことはもうわからない」というふうに言っていました。
何が幸せかはその人それぞれが決めることですけれども、未来に何かを望むこと、ご自身が何かを望むこと、お子さんが何かを望むこと、自由に堂々と何かを望んでそれに向かって努力して良いと許してあげてほしいと思います。これは過去の自分にも教えてあげたいことです。

次に、つらかったエピソードを３つご紹介いたします。

一番つらかったのは、夫と、心や言葉が通じ合えないことでした。土曜日のお昼に納豆を準備したら、それがいかに非常識で、どんなに育ちが悪いかっていうことを３時間、説教されました。その次の土曜日には手作りコロッケを用意したら、私が知らない間に、義実家に子どもたちを連れていき、お昼ご飯を食べさせてもらっていました。義母から「お昼時に突然来られては困るのよ」って怒られたので、それを夫に伝えると、「お前は自分の親は大切にするくせに俺の親は大切にできないのか」と怒られました。話が通じないことにびっくりして、「なんでその話になるの？　今そんな話題にしてたっけ？」と、戸惑いました。日常生活は一事が万事、そんな感じで心も言葉も通じ合えないと感じていました。なぜ怒られるのか、なぜ話が通じないのか理由がわからず、相談しても誰にもわかってもらえない。この感覚は例えると、カビの生えた食パンで、腸の中をこねくり回されてるような感じです。何が起こってるかわからず、お腹の中がザラザラしてとても気持ち悪かった。あのころには二度と戻りたくないです。

続いて、つらかったエピソードは、子どもの気持ちです。離婚が成立して数年後、子どもがそれぞれ胸の内を語ってくれました。「自分のせいで離婚したんじゃないか、そのせいでお母さんが大変な苦労をしたんじゃないか」と思っていたと言うのです。10年間それを胸に秘めて口にできなかったことを思うと胸が締め付けられました。そして、実の父親に聞かれても、私の情報は一切父に伝えなかったと、とても気を使ってくれていました。幼かった下の子どもは、家庭裁判所の調査官にこう語っていました。「家族で仲良く暮らしたいと、いつも神社でお参りしている」。その報告書を見たときは涙が出ました。

最後に、つらかったエピソード３つめは、家出した後の話です。DV事件は、家を出たら終わりではありません。加害者自身が自分を被害者と思っている場合があり、そして、尋常じゃないくらいしつこいです。話し合いは全く進まず、なかなか離婚できませんでした。１人親のサービスも使えず、経済的にもとても苦しかったです。面会交流も避けられず、約束の日時にちゃんと無事に帰してくれるかどうか、引渡しのときにまた襲われるのではないか、極度の緊張を強いられました。精神状態が不安定になり、少しでも高圧的な態度をとる人を避けたくなったり、子どものちょっとしたミスをいつまでも許せなかったりしました。精神科医やカウンセリングなどを受けて、今では落ち着いていますが、何か悪いことが起こると、常に自分に非があるのではないかと考える癖がついてしまいました。面会交流に関しては、もう、とてもとても慎重に慎重に対応してほしいと思います。

１人親の相談窓口でも「もっともっと必死なのよ、あなたのような人よりもお金を貸してあげたい人は他にたくさんいるの」。こんなようなことも何度も何度も言われました。

そんなふうに言われて、自分でも努力が足りないのではないかと考えてしまう中、援助をそれでもお願いするのは本当に心が折れました。せめて、相談支援の窓口が専門家の配置を徹底していってほしいなと思います。離婚ができていなくても、保護命令が出されてなくても、DV から逃げてきた人には、１人親のサービスを使えるようにしてほしいと願っております。

⑹ Ｆさん
（子どもが１歳の頃に別居、2年余かけて調停で離婚し、面会交流については調停から審判移行したケース）

私の夫は結婚前から思い通りにいかないことがあると、お皿やコップを壁に投げつけ、大声を出して切れたり、単行本を破いたり、テーブルを激しく叩いたり、壁に穴を開けたりと、暴力行為をする人でした。

暴力行為の後は毎回、花束やシャンパンを買ってきて「自分が未熟だから、こんな暴力をしてしまった。本当にごめんなさい絶対に変わる」と謝ってきたので許してしまっていました。

しかしある日、私の物の言い方が悪いと言い、首を絞められました。私は、初めて 110番通報しました。暴力行為が、第三者に明るみになると、「お前がこうさせたんだ、俺は本来こんな人間じゃない」と、私のせいで暴力をふるうのだと言いました。

私は、当時、子どもが生まれたばかりで疲弊していました。話し合おうにも話し合いにならず、すぐ癇癪を起こし、暴力行為を起こす夫に言われるがまま従い、モヤモヤを解消できず、苦しい日々を過ごしていました。警察から行政の DV相談の窓口を紹介してもらい、相談に行った時、相談員さんから、「あなたがされていることは、典型的なDVで、暴力行為の後の花束も平謝りもDVのサイクルにあるハネムーン期と呼ばれるものです」と言われ、今までのモヤモヤがすっきり理解でき、点と点が線に繋がったような感覚でした。

DVがまさか自分の身に起こるとは思っていなかったですし、夫には優しいところもあり、一度は好きになって結婚した相手なので、まさかその相手から暴力を受け、支配やコントロールの対象にされているとは夢にも思っていませんでした。DVに関する知識があれば、もっと早期におかしいなと思い、モヤモヤを感じた時点できちんと対処することができ、こんなに長引かなかったのかなと思います。

DVに遭っていることがわかっても、周りには恥ずかしくて言えず、１人で抱えこみ、ため込んでしまっていました。誰かに話しても、加害者が、言葉巧みに自己保身のための嘘をついたり、その暴力を上回るほど自分が被害者なんだと、理論的に説明するため、身内でさえ、被害が本当なのか信じてくれず、とてもつらかったです。家族や実家で話し合っても「結婚は我慢よ」「自分は完璧なのか？」「誰のおかげでこんな自由に生活ができてるの？」「女が男の人に楯突くなんておかしい」などと言われてしまったり、昭和の価値観や加害者の外面の良さも手伝い、私の気持ちはまるで理解してもらえませんでした。

面前DVもありました。子どもは夫が暴れてキレているときは激しく泣いて精神的に不安定な様子が見られました。また私が泣いて母親に電話で相談したりしているときは空気を読んで、構ってとは言わず、１人でおもちゃで静かに遊んだりしていました。

別居して離婚調停が始まりましたが、夫からは面会交流調停を申立てられました。私は「DVと連れ去りの恐れがあり、面会交流を制限する事由に該当するので、慎重に考えさせてください」と訴えました。面会交流のときに子どもが殺されて、父親も心中したり、母親を殺したりという事件が起こっていますが、私には、これが他人ごととは思えません。夫には復讐心があると思うからです。どうして離婚になってしまったかという現状を、私のただのわがままというように見ていて、夫の人生のキャリアに離婚という傷をつけた私を深く恨んでいるのが、書面や調停を通してひしひしと伝わってきます。

夫は、婚姻費用や世帯主に支給される児童手当も１年以上払ってくれませんでしたが、それは面会交流を制限する事由には当たらないと判断されてしまいました。弁護士からは、「面会交流を拒むと、加害者に親権が認められる可能性がある」「会わせないという方針をとると、面会交流調停や裁判をバンバンと起こされますよ」と言われており、調停でも加害者の顔色をうかがうような主張をせざるをえず、それがつらかったです。「第三者機関を使うと、面会交流をするのに高額な費用を捻出する割には、数時間しか会えず、自分の思った通りにならないので、しだいに面会を求めてくることも少なくなってくる人がほとんど」ということも聞きましたが、そんないい加減な理由で、母子の人生が決まる重大な方向を決めて本当に大丈夫なのでしょうか。現在の子どもの様子ですが、私の精神も安定したからか、別居した直後から明らかに子どもの笑顔が増えました。それまでは夫の暴力行為に怯え泣いてたり、夜泣きもひどく、同居時まだ１歳だったにもかかわらず私が悲しんでるときは空気を読むかのように静かに遊んでいました。今は保育園でもいたって元気と言われています。子どもが１歳の時に別居をしたので父親の記憶はないと思います。息子にとっては母と息子の２人暮らしというのが普通の感覚です。最近になって、「父親というものが世の中にいるんだ」ということは認識してきましたが「なぜ自分の家に父親がいないのか」というような感覚にはなっていませんし、むしろ「なぜよその家庭には父親がいるのだろう」くらいにしか思ってないかと思われます。息子の成長に合わせて、また多様な家庭があるんだよということをお話ししながらゆっくり伝えていきたいと思います。

話し合いでの解決が困難で、面会交流は審判に移行しました。高葛藤な紛争の中に幼い息子を巻き込みたくはないと思いますが、そのような監護親の懸念について、家庭裁判所は全く考えてくれません。もし、何かが起こったら、誰が責任を取ってくれるのでしょうか。安心安全が保障されているわけではなく、とても怖い思いをしています。子どもにとっても、取り返しのつかない重大な傷を負わせることにならないか心配です。被害者と子どもの意思意向を第一に尊重してもらえるようにしてほしいです。

⑺　Ｇさん
（別居時の子どもの年齢は、１歳と０歳。調停で離婚。現在は面会交流をしていないケース）

数年前、子どもたちが１歳と０歳の頃、夫が刃物を振り回し、私に暴力を振るい、私を裸足のまま玄関から追い出しました。夫は狂乱したまま、子どもたちと自宅に立てこもりました。駆けつけた警察官数名が夫を説得し、なんとか部屋に入り子どもたちを救出することができたものの、警察に子どもたちとともに、そのまま避難をするように促され、別居しました。

今でも、とにかく夫が怖くて仕方がありません。経済的に苦しく、速やかに生活費や養育費を請求するべきですが、夫が怖くてそれすらできません。また世間からは、そんな男を選んで結婚したお前が悪いなどと言われる二次被害に遭い、ひたすら耐えるしかないのがとてもつらいです。心から信頼していた相手からの暴力被害により、精神疾患を患い、思うように働けなくなっております。

暴力は、子どもたちにも影響を与えます。元夫は、暴力を振るったことで、子どもたちに対する育児放棄という「暴力」を振るっています。別居当時の子どもたちは１歳と０歳。父親が自分たちに何をしたのか覚えていません。きっと子どもたちは、大きくなったら、疑問に思うと思います。なぜ父と母は離婚したのか。なぜ家は貧乏で、たくさんの我慢や辛抱を強いられなければならないのか。

これから先私が１人でどう頑張っても限界があります。本来ならしなくて良い、経済的な我慢や辛抱をこれから子どもたちに強いることになると思うと申し訳なさでいっぱいになります。

加害者と別居し、離婚できても、生活費や養育費がもらえず、経済的にとても苦しいです。子どもたちはまだ幼く、私は精神疾患を患うために働けません。特に、離婚成立前のプレ１人親の状態だと、児童扶養手当が支給されず、児童扶養手当に基づく制度も受けられません。公営住宅の申し込みもハードルが高くなり、できませんでした。生活がなかなか立て直せず、子どもたちともども、経済的にも精神的にも苦しい生活をひたすら強いられています。

DV被害者側が加害者側へ養育費や生活費の徴収をするのは非常に困難を極めます。

どうか国が養育費の徴収をしていく仕組みに変えてほしいです。そうなることによって被害者が、そんな男を選んだお前が悪いと、第三者から責められ、追い詰められるという二次被害が減ることにも繋がると思っております。そして離婚成立前のプレ１人親にも児童扶養手当が速やかに受け取れる仕組みになってほしい。

そして児童扶養手当にペナルティーや減額制度を設けないで欲しいと切に思います。

子どもたちを２人で育てていく予定が、急に１人で育てていかなければならなくなりました。金銭的にも精神的にものしかかる負担が大変大きいです。せめて、算定表通りの養育費や、満額の児童扶養手当がもらえれば、多少の負担は軽減されると思います。私にとっては養育費や児童扶養手当が、頼みの命綱です。私のように、ある日突然住まいを奪われ生活費も養育費ももらえないまま社会に放り出され困窮する、という者が１人でも減り、１人親でも貧困に怯えず、子育てしやすい社会になることを望んでいます。

DV（家庭内暴力）は第三者の目の届かない所で行われる残忍なものだと思います。夫から逃げ出せば確実に貧困になってしまう。それが分かっていても、暴力をふるう夫から逃げ出すのに精一杯でした。でも、家庭裁判所では調停委員が我が家のようなケースでも当然のように面会交流を行うよう促してきます。

私と子どもたちが現在住む地方では、第三者機関の立ち合いのもとで安全に面会交流を行える施設はありません。地元の弁護士に他の親子がどのような形で面会交流を行っているのか尋ねると、当事者同士で話し合い、予定を立てて子育て支援センター（子育てサロン）で行われるのが常だそうです。立会人はいません。当然、身体検査も持ち物検査もないので、相手が刃物を振りかざしてきたら、逃げられないかもしれません。

私と子どもたちが気に入らないからと刃物を振りかざしてきた相手に、再び第三者の目の届きにくい密室で、危険かどうかの判断もつかない無邪気な幼子を立ち会わせる。こんな場で面会交流が安全に行われる保証はあるのでしょうか。何かあったら誰がどう責任を取るのでしょうか。

「お前らは二度と俺の前に姿を見せるな」と、夫は調停委員の前でそう言い放ちました。それなのに、家庭裁判所では、「面会交流を行いなさい、養育費を払ってもらいたければ」と、調停委員はそう諭します。これはテレビでよく目にする誘拐犯が脅す時に用いるセリフと同じだと思います。こんな恐ろしい言葉はフィクションの中だけで十分です。相手から養育費を払ってもらうために子どもに命を差し出せ、と命じているようなものです。養育費を受け取るのは子どもたちの権利です。でも面会交流は果たして一体誰のための権利でしょうか。「二度と姿を見せるな」、そう言い放った夫の前に再び姿を見せなければならない恐怖、夫から次はどんな報復をされるのかと、怯えながら幸せとはほど程遠い生活を強いられています。

今は、面会交流をしていませんが、夫が希望すれば、家庭裁判所からは面会交流に応じるように強く言われると思います。私と子どもたちの願いは暴力に怯えず安心安全に暮らしたい。ただそれだけです。相手を刺激してしまう可能性が面会交流を行うことで起きるならば、それは避けたい。しかしそう願うことさえも、私たちが置かれた立場では現在は難しい状況にあるのだということをどうか多くの方に理解してもらいたいです。

⑻　Hさん
（別居時の子どもは小学校低学年。面会交流調停を経て、月1回、第三者機関を利用する条項が設けられたケース）

私の体験談を紹介させていただきたいと思います。こうやって話をしようとすると緊張して震えます。私は６年前に離婚して、面会交流調停は２年前に始まり、今はもう終わっています。周りから見たらとっくに過去のことなんですけれども、それでもまだ怯えて暮らしています。職場も変わってます。元夫からは「お前の職場は知ってるんだから、電話かけるぞ」と言って電話をかけてこられたこともあるぐらいなので、とても不安です。

私は今から10年以上前に夫と結婚しました。夫は外国人で、出会ってすぐに結婚しました。今思えばそこが、洗脳のスタートでした。

「外国人で、僕は不安に思ってる。君のことをよくわかっていない。だから、他の人と連絡を取るのはやめてほしい」そうやって少しずつ少しずつ孤立させられました。

「例えばちょっと夫婦げんかをした、で、困って、両親に相談する、夫婦のことは流出させないで欲しい。そうやって夫婦のことを持ち出すのもやめて欲しい」。そうやって少しずつ孤立させられて、結局誰も周りには助けてくれる人もいなくなって、私がミスをすると、彼の思い通りにならないと暴力を振るわれる。暴力を振るわれた後は、優しく慰められる、性虐待をされる。そういう日々が続きました。

でも優しいところもあり、すぐに子どもも生まれたので、離婚しちゃいけない、子どものためにも結婚生活を続けようと、ずっと思い続けていました。３、４年して、心が壊れてしまって、私はとうとう自殺未遂するまでに追い詰められてしまいました。その後に、ようやく離婚も、自殺未遂をして、元夫は多少は目を覚まして、離婚協議をしたのですけれども、その離婚協議中に元夫に息子を彼の国へ連れて行かれました。

半年ぐらいして、もうこちらから土下座の勢いで謝って、息子が私の元に戻ってきました。それからはすぐに離婚できて、面会もせずに暮らせたのですけど、息子はもうそれから半年ぐらいに、「１人になると怖い」とか、寝ていてもすぐ泣き出すとかのPTSDに悩まされました。

その後、面会交流の調停が始まって、今までの私はそこでようやく弁護士さんに出会って、自分がDVを受けていたことに気づきました。そして、子どもが連れ去られてPTSDを患っていることにも、ようやく気づくことができました。ようやく長い洗脳が解けた感じがしました。

面会交流調停は非常に長くかかりました。理不尽に子どもが連れ去られたにも関わらず、そのことは何も問題視されることなく、月に１回の面会が決められました。それを聞いた息子は、自分が面会はしたくないと言っていたのにどうしてこういうことになったのかが受け入れられず、「どうして大人は僕の言うことを聞いてくれないの。僕が会いたくないって言っているのになんで会わなきゃいけないの」って言ったのを印象深く覚えています。

その後もずっと面会交流をしてきました。息子は面会を嫌がっていて、面会開始後すぐに、「面会は嫌だ。帰りたい」と言って離席します。第三者機関の方にも入っていただいているのですけれども、なかなか帰してもらえないと、息子が逃げ出してしまうことがあります。

そうすると第三者機関の方が息子の腕をガッと掴んで、「逃げない。逃げちゃ駄目」って言って、捕まえます。それでも息子は振り切って逃げてくることもあります。そんな思いまでして、なんで子どもは親に会わなきゃいけないのでしょうか。

私はそれを息子に聞かれました。なんで「僕はあいつと会わなきゃいけないの？」と聞かれて、私も答えられなくて、裁判所で言われたとおり、「血が繋がっているからだよ」と言いました。息子は、「じゃあ僕は全部自分の血を抜いてママの血を入れたい」と言いました。そんな気持ちにまでさせてしまって、何か本当に私は申し訳ないなっていうふうに思っています。

コロナ禍となり、元夫は、面会交流を拒絶しています。こちらがいくら拒絶してもそれは受け入れられなかったのに、別居親の方は「やりたくない」の一言で、会わなくなる面会交流って何なのでしょう？

どうかお願いです。子どもの声を聴いてください。よろしくお願いします。

⑼　Ｊさん

（別居時の子どもは小学生と未就学児。離婚時に、面会交流調停が成立し、第三者機関を利用して面会交流を実施していたが、再調停となったケース）

私と２人の子はDV被害者です。数年前に子どもを連れ、元夫と生活していた自宅を出ました。婚姻中は数々の暴言・人格否定・ルールの押し付け・金銭的監視・行動の監視・身体的暴力・精神的暴力に耐えながら過ごしていました。

実は第一子の妊娠中、暴力・暴言に耐えかね、一度家を出た経緯がありました。調停での話し合いを行い、「今度こそ幸せにする」という言葉を信じ復縁しました。ところがDVはさらにエスカレートし、より支配的な行動を取るようになっていきました。私は精神的にも身体的にも限界でした。

長年にわたり自我をコントロールされ、「高卒のくせに」「使えない奴」「何にもできない奴」と洗脳にも近い状態の私が離婚の意思を伝えるのは命がけでした。

元夫は威圧的になり、「破滅しろ」「母子家庭で差別を受ければいい」「お前らには今後一切会いたくない」「親権欲しいなら財産も養育費もすべて放棄しろ、じゃなかったら親権奪うからな」などと責め立てました。それからは子も私も就寝させてもらえず、思考能力・判断力はどんどん低下していきました。子は下痢と食欲不振で心身ともに衰弱していきました。

そんな子の様子からこのままではいけない、相当な覚悟で家を出なければいけないと思い家を出ました。

何度か公共の機関に相談をしていた経緯もあり、弁護士の方にも力添えいただき、ようやく家を出る決心をしました。１人ではできないことでした。家を出ても金銭的な面、仕事の面、子どもの環境の変化など大変なことはたくさんあるだろう。でもやっと心から安心してすごせる。もう二度と会ってはいけないという思いでした。

調停は約１年以上に及びました。私に対し、子の連れ去りだと言う元夫に恐怖心を感じました。また、元夫の怒りの矛先は私を担当してくださる弁護士さんに向かいました。調停委員には何度も会うことの危険性について訴えてきましたが、最終的にエフピック（編者注：FPIC、家庭問題情報センター。面会交流等の支援を行う家庭裁判所調査官OBOGらによる団体）にて定期的に、１時間の面会交流実施となり、養育費は年収が急激に下がったとの元夫からの訴えもあり一人１万円の取り決めとなりました。

面会交流は第三者立会いのもと行われました。ですが面会を重ねるごとに子の様子がおかしくなってきました。食欲不振、情緒不安定、学習意欲の低下、自傷行為、発声困難もみられるようになってきました。よく話を聞くと、それには理由がありました。面会交流中も支配的な元夫の性質は変わらず、こっそり親族に電話をかけさせたり、こちら側の悪口を吹き込むなど数々の問題行動があったようです。

FPIC（編者注：公益社団法人家庭問題情報センター）は、一年で、卒業しなくてはなりません。その時期が近づくと、子どもたちに異変が起こり始めました。面会をしぶるようになり、嫌がっているのを無理やり行かせると子どもたちに体調不良が生じました。当面、面会交流をみあわせてほしいと申し出ましたが聞いてもらえるはずもなく、面会交流の再調停をしています。

面会交流の影響で子の心身に影響が出た場合は重く受け止めていただきたいのです。覚悟を決め、安全を求めて家を出て、新しい環境にも慣れ、なぜまた子を苦しめてしまわなくてはならないのかと、母としても絶望を感じました。面前DV等で傷ついた経験はトラウマとなり脳に大きなダメージを及ぼすとも言われています。元夫と会うたびにトラウマの再体験をし、表現のしようのない苦しみを現在進行形のように感じなくてはならないのです。

現在は面会交流中止の意向を伝え、面会交流は行っていません。いつ面会交流の申立てがされるかという不安もありますが、子どもたちは少しずつ元気を取り戻しています。それと同時に元夫からの一人１万円の養育費の振り込みは無くなりました。金銭的には苦しいですが、子のためにも資格を取得しようと生活の自立に向けて過ごしています。こちらから再調停を申立て、当面の間、面会交流は中止するということになりました。

個人的な考えではありますが、家族の多様化が進む中、両親が揃っていることが健全であり子どものためであるという考え方は少々危険であると感じています。何よりも子どもの福祉にとって良いものでなければなりません。子どもにとって何が一番良い方法なのか。意思はどうなのか。身体的、精神的な反応はないか。今までの生育歴やその子の個別性を踏まえたうえで面会交流の方法を考えていただきたいと感じています。

第6章

面会交流に関する子どもの声を聴く

――子どもへのアンケート調査結果と体験談

熊上　崇

はじめに

本章では、面会交流について、子どもがどのように受け止めているか、また子どもは面会交流について、子ども自身の意見を述べることができているか、その意見が尊重されているかどうかについての調査結果の概要を報告する。

そのうえで、家庭裁判所の面会交流調停で、家庭裁判所調査官に子どもが自ら意見を述べた経験談を記載する。家事事件手続法では15歳以上は、家庭裁判所は子の意向を聞くことになっているが、当事者である子の体験談は、これまで日本では見られなかった貴重な資料である。

調査の概要

離婚・離別後の別居親と子どもの面会交流について、子どもの心情や、意見表明の有無、その心理的影響を明らかにするために、2021年９月に親の離婚を経験した15歳から29歳の人へのインターネット調査を行った。対象は、面会交流をしていた群299人（以下、面会交流あり群。男性72人、女性227人）、面会交流をしていなかった群250人（以下、面会交流なし群。（女性191人、男性59人））である。質問項目は、「面会交流時（または面会交流をしない場合）の心理」「子どもの意見聴取の有無」「面会交流について子どもの意見の尊重」「面会交流についての人生への影響、意見」等である。この調査結果については、2022年の子どもの虐待防止学会シンポジウムで発表した内容の一部をここで記載する。

1　面会交流をしていた人への調査結果

(1)　家庭裁判所で面会交流が決定した人の心理

「少し緊張します。」（16歳）

「母に引き取られた。年に１回父に会うが、会っている時は楽しい。でも、なぜ学費は払ってくれないのに服や玩具は買ってくれるのだろう？　何が好きで新しい家庭のことを話すのだろう？　私は、両親ともに好きでいたい。でも無理そうだ。母親も父親もこの件に関しては好きになれない。」(21歳)

「とても緊張していました。」(24歳)

「自分の親なのになんでこんな面倒くさいことしないといけないのだろうって思った」(25歳)

⑵　父母間の協議で面会交流をしていた人の心理

ア　「嬉しさ・楽しさ」の感情

「本当に楽しい。 心の底から素直でいられる。」(15歳)

「嬉しかった。」(17歳)

「小さいころは会えて嬉しかった。一緒にいられて楽しかった。」(18歳)

「会えた時嬉しくて帰りたくなかった。毎週末がとても楽しみだった。」(18歳)

「久しぶりに会えることが嬉しかった。」(19歳)

「夫婦の仲は悪かったが、親としてはかわりなかったので会えて嬉しかったし、相手も会えて嬉しそうだったので会うのは楽しみだった。」(29歳)

イ　「緊張感」「苦痛」「つらさ」の感情

「緊張した。」(17歳)

「他人行儀な感じ。」(17歳)

「複雑だった。」(19歳)

「会いたくない。気持ち悪い。」(22歳)

「一緒に過ごす時間が少なくなると気を使ってしまうようになった。」(22歳)

「気まずかった」(23歳、28歳)

「なぜひとっつも連絡を寄越してこなかったのか。なぜ養育費を払わないのか。実際に会っても何も言えなかった。思っていた人間と違った。全然良い人間ではなかった。」(23歳)

「大好きでもなかったから一緒におる時間が苦痛。」(25歳)

「しばらくら会っていないとお互いが少しよそよそしくなる。」(26歳)

「長期間あってないので 緊張する。」(26歳)

「会いたくはなかったので義務的に感じてつらかった。離婚した方の親への恐怖心が抜けなかったが、残った方の親にも会いたくないとは言えなかった。」(27歳)

ウ 「特になし」

「特に変わった気持ちは抱かない。1人の親として接している。」(15歳)
「特に何も思わなかったです。結構気まずい。」(21歳)
「特に何も思わない。」(24歳)

(3) 面会交流について決定方法が不明の人の心理

ア 「嬉しさ」「楽しさ」の感情

「別居親と会う時は大抵どこかに連れて行ってくれたり買い物をしてくれたりする為楽しい。」(16歳)
「自分は父のことを覚えていないので意外と新鮮な気持ちでやりとりしていた。」(22歳)
「時々会えて楽しかった。 泊まりに行ったりもできたし、遊びに行ったりご飯食べにも行きました。 楽しい思い出がたくさんです。」(23歳)
「血の繋がった両親は世界に1人だけなので、一緒に住んでいなくても気持ちが途切れていないと思えることが嬉しかった。」(23歳)
「久しぶりに会えて嬉しい。」(25歳)

イ 「気まずさ」「不安」の感情

「再婚相手がいるから気まずい。」(15歳)
「話したくもなかった。」(19歳)
「久しぶりにあったのでどういう対応をしたらいいか分からず、たださ れる質問に答えているだけだった。」(24歳)
「家でご飯を作ってくれた。ただ2人で会うのは少し不安で怖かった。」(26歳)

「私は父親との面会交流でしたが、主にLINEでのトークでした。父親の誕生日に私がメッセージを送り、私の誕生日に父親からメッセージが来る程度です。本音は直接会いたいけれど、母親から禁止されていたためLINEの

みでした。」(19歳)

⑷　面会交流についての子どもの意見の尊重について

「尊重された」	135人	48%
「尊重されなかった」	37人	13%
「どちらともいえない」	99人	35%

1）子どもの意見が尊重された時の心理

ア　「嬉しい」「安心」の感情

「全て自分で決めていいと言われたので、大好きなパパと好きなだけ会えて嬉しいです！」(15歳)

「尊重された時は嬉しかった。」(17歳)

「子どものことを１番に思っていたからよかった。」(18歳)

「しっかりと子どもの意見も尊重してくれたので嬉しかったです。」(18歳)

「自分の会いたいタイミングを尊重してくれた。 強制されることも無く頻度もちょうど良かった。」(19歳)

「会いたくなかった時は素直に親に言ったら、聞いてもらえた。そろそろ会ってもいいかなぁと思えた時も親に伝えたら、すぐ日程を決めてくれた。」(19歳)

「母親は、あまりいい気はしていなかったと思う。父親にも新しい家庭があったから。でも私の意見をしっかり聞いて尊重してくれてとても嬉しかった。」(21歳)

「ずっと会えなくなることは絶対に嫌だったので、面会を続けることができたことが嬉しかった。 そして、話を聞いてくれた母親への信頼がさらに高まりました。」(25歳)

2）面会交流実施に際して子どもの意見が表明できなかった時の心理

「１番尊重すべき人の意見を聞かないなんて ありえないと思った。」(16歳)

「かなしい。」(19歳)

「つらかった。」(23歳)
「反抗期になり、父親に会うことがストレスとなっていたが裁判で決められているからと絶対に月1回は会わなくてはいけなかったことにストレスを感じていた時期もあった。」(24歳)
「裁判所などは実際の背景とかの考慮をしてくれたり話を聞いてくれてる気がしなかった。」(24歳)
「分からない。」(26歳)
「特にない。」(27歳)
「めんどくさいことになるのでどうでもいい。」(27歳)
「親の都合で会えないことは苦しい。会いたいという気持ちが強かった。」(27歳)

⑸ 面会交流に対する感情

ア 肯定的な感情

「私の場合だと世界に1人だけの大切なパパなので、会って何気ない日常会話してるだけで、楽しいです。 あと、ママだけに頼ると大変なのでパパなどに頼ったりしてます!! 会う事自体は悪い事ではないと思います！(15歳)
「面会交流先ではゲームを買ってもらったりしていたが、家ではそうではなく、内緒事もいくつかあったため、たいへんだったがたのしかった。」(18歳)
「やはり会えることで心の励ましになる。」(18歳)
「別居親のことを忘れないためにも面会することは大切だと思います。」(18歳)
「親が離婚している家庭が私の周りには少なかったから、離婚しているという事実はとてもつらかったけれど、別居している親に会うと頑張ろうと思えた。」(21歳)
「小さい頃は嫌で仕方なかったが、大人になるにつれて重要性を知れた。」(22歳)
「制限されず会いたい時、会える時に会いたい。」(23歳)

イ　否定的な感情

「離婚して離れて暮らしている親や一緒に住んでいる方の親の顔色をうかがいながら交流するのがとても苦痛。」(17歳)

「自分の進路の話をしたときに否定されるのだけは嫌だ。」(17歳)

「やっぱり会いたい気持ちはあるけど なんか複雑だし父親面してくるのも嫌だから このままでいい。」(19歳)

「もう会ってないけど別に何とも思わないです。干渉されなくて嬉しい。」(21歳)

「物心つく前に離婚していたので何も人生に影響すること無く生きてきた。興味本位で思春期になってから自分で連絡して、物心付いてから初めて会った。１度会っただけでじゅうぶんであった。こんな人に時間をさくのが勿体ないと思った。今ある自分の家族のカタチが１番上手く形成されているのを乱されたくない。」(23歳)

「自分の人生への影響は全くないと感じている。会っても会わなくても何も感じない。」(24歳)

(6)　その他、面会交流についての意見

「子どもが小さい頃は決められた頻度でいいと思うが、思春期になってくるといろいろ思うこともあると思うので、自分たちで連絡を取ってその都度頻度を決めるぐらいがいいと思う。」(24歳)

「親同士で面会を決めても、子どもが会いたいと思ってるときには話を聞くことはしてほしい。 難しいときは理由を伝えると完全に理解はできなくても、モヤモヤや不信感はなくなる。」(27歳)

2　面会交流をしていなかった人への調査結果

(1)　面会交流をしなかった事情

ア　暴力、虐待、DV、アルコール等

「お酒・安定しない収入。」(16歳)

「暴力を受けられていた 施設に入ったため、いとこからもみんなからあう

なといわれた。」(17歳)
「精神的にやられていたので会いたくなかったため。」(20歳)
「過去に暴力を受けていたので、離婚した時にもう二度と会いたくないと思ったから。」(22歳)
「父親が子どもに暴力を振るっていた為。」(24歳)
「DV。」(24歳)
「父親に借金があり、それを母親が支払っている為、今後も父親と関わるとそれ以上の借金が増えるかもしれないと考えた為。」(25歳)
「すぐにキレて物に当たったり人に当たったりするのを見ていて、恐怖心があったので会いたくなかった。」(25歳)
「暴力を振るわれるという恐怖心があったため。」(27歳)
「父親が浮気をし、暴力を振るい別の人と結婚したので面会交流をしなかった。 会いたいとも一度も思わなかった。」(27歳)
「幼い頃から、別居親の暴言や酒癖などが悪く祖父母の家に逃げた記憶があって、あまり良い親と思うことがなく恐怖感、悲しみがあった。」(29歳)

イ　会いたくないから

「会っても話すことない。」(17歳)
「嫌いだから。」(18歳)
「いやです。」(19歳)
「会うことに恐怖心があったから。」(21歳)
「特に会う必要もなかったから。」(21歳)
「捨てられたと思うと会いたい気持ちにはならなかった。」(22歳)
「あまり興味がないです！ あんまり会いたいとか思わないタイプです。」(24歳)
「会いたくなかった！」(26歳)
「特別会いたいと思わなかったから。」(26歳)

ウ　その他

「向こうが私たちについて『できるなら縁を切りたい』と言っていたので、

行う必要はないし頼まれても願い下げだと思いました。」(21歳)
「行方不明だから。」(22歳)
「書きたくないです。」(27歳)
「父親が養育費を３ヶ月しかくれなかったので、こんな奴に会う暇があったら働こうと思った。」(29歳)

⑵　面会交流をしなかったことについて、子どもの意見が尊重されたかどうか

「尊重された」	86人	35%
「尊重されなかった」	34人	13%
「どちらともいえない」	120人	49%

(1)「尊重された」群

ア　「嬉しさ」「安心」の感情

「私のことを優先に考えてくれていて嬉しかった。」(16歳)
「安心。」(17歳)
「嬉しかった。」(18歳)
「意見が少しでも尊重されて気が楽になった。」(18歳)
「もう会わなくていいことがとても嬉しかった。」(20歳)
「同居親は自分のことをとても考えてくれていたので、ありがたかった。」(22歳)
「単純に会わなくて済むのは心が軽くなった。」(25歳)
「嫌いだから会いたくないと言って以来 何も聞かれなかったのでわたしの意見は尊重されているんだと 素直に思った。」(25歳)
「ほっとした。」(27歳)
「会いたいと思っていなかったので会わずに済んでよかったと思った。」(29歳)

(2)「尊重されなかった」群

ア 「怒り」「憎しみ」の感情

「あー、同居の親も会いたくないし会わせたくないんだな、と思いました。」(15歳)

「かききれない 産まなきゃよかったのに。」(23歳)

「大人だけのことじゃないし、子どもも考える力はあるからちゃんと尊重してほしい。」(25歳)

「尊重されなかった 私たち兄弟の意見が尊重されなかったのは残念だがそれぞれ個人としての親の意見や気持ちを考慮すると致し方無い部分もあると考える。」(25歳)

「凄く会いたくてたまらなかった 自分の気持ちを解ってくれない親が凄く憎かった。」(28歳)

「人間なんて、くだらない。」(29歳)

(3)「どちらともいえない」群

「会いたくない気持ちは汲んでくれたが、同居親が別居親と関わっているのも嫌だった でもそれは言えなかった。」(21歳)

「特に何も思わなかった。当然だと思った。」(21歳)

「正直どうでもよかった。」(21歳)

以上、2021年現在で親の離婚を経験した15歳から29歳の人を対象に、面会交流の有無や、その時の心情、子どもの意見を言えたかどうか、その意見が尊重されたかどうかの記述の一部を紹介した。

これらの結果から言えることは、子どもたちは、面会交流について、会いたいという子どももいれば、会いたくないという子どももいる、というごく当たり前のことである。子どもの面会交流に関する意見や希望が尊重されれば、子どもは安心感を抱くことができ、逆に子どもの意見が尊重されなければ、苦痛や無力感を抱くということであろう。

面会交流については、子どもの置かれた家族関係によって、子どもの心情も異なるので、子どもの意見や心理を丁寧に聞き、子どもの意見を尊重することが何より求められているといえるだろう。

3　家庭裁判所に意見を述べた経験
――20歳 大学生 女性の体験談（調停当時は高校生）

次に紹介するのは、家庭裁判所において、子どもの意見を家庭裁判所調査官に表明できたケースの経験談である。

本事例は、家裁調査官が子の意向を聞き取り、その意向を尊重しており、子は家庭裁判所に安心して話をすることができていた。なお、事例は匿名化するため論旨を損なわない程度に一部改変している（編者注）。

父母の離婚の経緯

私が小学校までの家庭は、父母の仲も良好でした。父は外出するのが好きで、旅行とかも頻繁に夏休みというときは連れていってくれていました。母は私とお話しすることが多かったです。楽しいところにいっぱいお出掛けに連れていってくれた父を想像すると、なぜこうなっちゃったのと感じていました。中学校３年くらいから、私が中学２年生終わりか３年生くらいからは父の精神上の気持ちが変わるのが大きかったと思います。それから父母の喧嘩が多くなり、高校１年の時に別居したのですが、親権者や面会交流、養育費のことで家庭裁判所で調停をすることになりました。

その頃、高校１年生で自分で判断したりできる年だったので、正直つらかったのはつらかったんです。

別居をする前、父に「俺たち離婚するよ。そしたら、おまえはどっちに付きたいか」みたいなことを言われました。そんなの決められるわけないじゃん、と思いました。

そこで私は、「決められるわけないじゃないか」と言いました。母には母の役割があって、父には父の役割があるので、決められなかったのです。そこで母方の祖母に電話をして、「おばあちゃん、あのね」と相談したんです。「お父さんにどっちに付きたいか、みたいに言われたけれども、どうやって決めればいいかな」と聞いてみたんです。そうしたら、祖母が「あなたがどっちがいいかとプラスマイナスとかいろいろ考えて、あなたが決めればいい」と助言してもらいました。プラスマイナスどっちがいいかと考えたら、関心をもってくれている母のほうに付いたほうが、自分がこれから先、仮に親が別れたとしても楽しく過ごせるだろうなと思って、母のほうに付くと言って、母のほうに今付いているんです。その判断の仕方は間違っていなかったなと、今、正直感じています。

父からは手紙もよく来ます。大半は母の悪口です。例えば、母は専業主婦だったので働きたいと言っていたみたいなんですけれども、父は「駄目だ、駄目だ」みたいに拒んでいたそうです。でも、私が高校生に上がる直前くらいになったら、「おまえ、働けよ」と急に言いだしたらしくて。「どうせ今も、おまえ、仕事していないんだろう。養育できないから、俺に養育費を払えと言っているんだろう」みたいなのをいっぱい、手紙に書いてあるんです。母は「ああ、また言っているよ」みたいな感じですが、書いてあることは結構壮絶なんです。来ていたころは、２カ月に一度とか、１カ月に一度くらいだったかな。

家庭裁判所での調停

父と母の調停では、父と母、２人とも弁護士を付けていたようですが、母の弁護士が「娘さんの声も聞いてほしい」と何回も言ってくれていたみたいなんです。調停では全然、父が話を聞いてくれず、私の意見を家庭裁判所に伝えても「母親に言わされているんだろう」と聞いてもらえなかったそうなので、「そこまで言うんだったら、娘さんの話も聞いてやってくれ」と母のほうの弁護士が言ったら、「娘さんの話も聞くから」というので、家庭裁判所に１回行きました。

そのときに家裁調査官の方とお話をしました。

離婚は悲しいんですけれども、そこまで私は家庭裁判所という場所に嫌な思いとかはないので、母が「今日、家裁行くから」と言ったら「じゃあ、ついていっていい？」と言って、普通に一緒に行きました。

そこで、父は「俺のところに帰ってこい」「子どもは俺のところに帰らせろ」と言うので、ショックというか、メンタルがやられました。

父への恐怖感

父は、実際にあった話になりますが、母と父がけんかをしていた時、もう別居状態だったですが、父から無言電話が来て、すぐ出たら切られたらしいんですね。その後、父が押し掛けてきたときに、借金取りのイメージは分かります？　押し掛けてきたりする、ああいう感じだったんです。怖いじゃないですか、家族なのに「やれ、なんだ、開けろ」みたいな。あと、「もう窓ガラス割るぞ」と言ってきたので、何をするか分からない恐怖でした。もしかしたら、母が仕事中に殺されちゃったりするかもしれないし、私も連れ去られちゃうかもしれないし、または殺されちゃうかもしれないし、何をされるか分からないというので、「怖い」と言いました。

身体的なDVというよりは、精神的なDVで、暴言吐いたり、あと一緒に住んでいたら生活態度は見るわけじゃないですか。そういうので、「おまえ、何しているんだ」みたいな感じで、必要以上に追い詰めたり、そういうのはありましたね。

家庭裁判所での調査官との面接

調査官との面接は、私はうれしかったというのが本音でした。子どもが意見を言っても、「母に言わされているんだろう」と調停で母が言われていて、私が直接家裁に出て言わないと、父が聞かないんじゃないかと私はずっと思っていました。だったら、私が家裁で話せる場面をつくってよ、と母が調停にいくたび毎回、毎回、母に言っていたのです。

家裁調査官との面談では、「お父さんとお母さんは今離婚調停をやっているけれども、それは知っている？」とか、だんだん、順繰り身近な話から結構重たい話になっていく感じでした。

そのまま、包み隠さず言いましたね。「答えたくないことは答えなくても大丈夫です」と言われていたんですけれども、包み隠すものもなかったので、ある程度、言っちゃったんです。

面会については「父が怖いから会いたくないんだ」と全部言いました。

「借金取りみたいに脅しに来たから嫌なんだ」というお話はしました。調査官は「それはもう怖いから嫌だよね」と言いつつ、「もし、お父さんと会うとしたら、会いたいと思う？」みたいなのも聞かれたんです。私は「何をされるか分からないから。宝くじ売場の、アクリル板のパーテーションみたいなのがあるような、ああいう感じの空間で会うには構わない」と言ったら、調査官も「それは相当怖いんだね」と言ってくれました。

私は「もう怖かったので、会いたくないというわけではないんですけれども、何も防御せず会いにいくのは正直怖いです」と言いました。

最終的には、私の意見も反映されていたと感じてはいます。

でも、父が不満だらけだったみたいで、子どもを身近に置けなかったというのもあってか、不満に思っているところはあったのかなというのは思っていますね。

その後、父は養育費の支払いをしないようになりました。差し押さえ命令をしたのは２回目なんです。だから、終わりが全然見えていないんですけれども、そろそろ終わるのかなという雰囲気が今はしています。

今は別れてよかったのかなと感じていて、親が離婚したあとに別れたのは悲しいけれども、よかったのかなと明るく思えるような環境にいるというのが結構大事じゃないかなと私は思います。

家庭裁判所への要望

子どもの代理人制度を子どもたちに大々的に言って欲しいとは感じています。もしかしたら、すごく幼かったら、子どもが意見を言えるほどの年齢じゃなかったら、言うこともないまま、ただ、両親だけで話が進んで終わりという可能性もあります。自分の意思がある年齢であれば、「こういう制度があるので使いませんか」というのをもっと大々的に言った方が良いと感じています。

子どもの意見を聞かずに、審判をするのではなく、子どもの意見を言っていいんだよという場をつくってあげたほうがいいんじゃないかなと思います。

編者注

本体験談は、子が当時高校生で、自らの意見を家庭裁判所調査官に述べたケースである。家庭裁判所調査官が子の意向を共感しながら聴取したために、子が家庭裁判所に対する信頼感を持てていた。このような子どもの意思に即した対応が望まれる。

第7章

子どもたちの声を聴く面会交流にむけて

山田 嘉則

1　子どもは差別されている

「子どもは差別されている」と思ったことはあるだろうか。

性別・人種・身体・行動などで多数派と異なる特徴を持つことで、人は対等に扱われなかったり、声が聞かれなかったり、果ては生きることが脅かされることがある。私たちは皆、ある意味で多数派であり、別の意味で少数派である。多数派として力を行使し、少数派として他者にコントロールされる。意識するしないに関わらず私たちは差別の中で生きている。

大人と子どもの関係はどうだろう。

子どもが差別されている、という考えが明示的に語られるようになったのは比較的新しく、20世紀後半になってからである。子どもを権利を持つ主体と認めその人権を尊重することをうたう子どもの権利条約が採択されたのは1989年である。21世紀になり、子ども差別についてのモノグラフが発刊され[注1)]、国際団体Childism Institute も立ち上がった。

2　子ども差別とトラウマ

確かに子どもは無力かもしれない。大人の助けが子どもには必要だ。だが、子どもは無力化されているとも言える。

子どもと接していると、私たち大人が思う以上に考えていることが分かるし、その洞察と知恵に驚くことがある。しかし子どもはそれを言う機会がなかったり、言っても聞かれないことが多い。

さらに子どもはトラウマ体験にさらされやすい。小児期逆境体験（ACE：Adverse Childhood Experience）である。トラウマのあるところにはパワーの不均衡がある。大人と子どものパワーの不均衡は子ども差別を生む。

3　DV被害親子のケース

Ｂさんは全身倦怠感を訴えて私たちを訪れた。直接の原因は職場のハラスメントだったがそれだけではなかった。現在は再婚して平和な家庭を築いているものの、彼女にはDVによる離婚の経験がある。その影響は明らかだった。トラウマが重なるにつれてトラウマ症状は複雑で重篤になっていくのだ。しかもＢさんは前夫から子の面会交流を求められており、恐怖を感じていた。DVは過ぎ去ってはいない。

子のＣ君は小学生になっていたが、幼児期に父に連れ去られた経験がある。面会交流を巡ってはすでにＣ君についての意見書が提出されていた。Ｃ君には多くのPTSD症状があり、父との面会によりPTSD発症の可能性がある、という趣旨で、かなり慎重な書きぶりではあるが、面前DVに加え連れ去りという虐待を経験したＣ君にとって面会交流が有害であることを主張していた。

CAPS（PTSD臨床診断面接尺度）の結果が添えられた子どものトラウマ分野で名のある専門医による意見書であり、十分な客観性と妥当性がある。私にはそれだけで面会交流を行わない根拠になると思えたが、面会交流がＢさんに与える影響についての意見書を担当弁護士から依頼された。面会交流をめぐる交渉でＢさんのPTSDは悪化しており、今後面会が行われるなら治療がより困難になる、という趣旨の意見書を私は作成し、裁判所に提出した。

しかしそれでも裁判所は月１回の面会交流をＢさんに命じた。

4　離婚後面会交流の問題点

ここで離婚後の面会交流、特にDVによる離婚の場合について述べておく。夫から妻へのDVが原因で離婚となった場合、それまでの養育実績に基づいて母親に親権が与えられることが多い。その場合加害親である父親と子との面会交流が検討される。

協議離婚の場合、問題が生じることは少ない。離婚後も非親権者の親と子との交流は当たり前にあるし元夫婦の交流があることも珍しくない。

しかし離婚に裁判所が関与するのは多くがDVのケースである。

この場合、２つの問題がある。

まず、被害親だけでなく子どももDV被害者である。2004年に児童虐待防止法改正で虐待の類型として定められた面前DV（「児童が同居する家庭における配偶者に対する暴力」）である。

もう一つは面会交流が加害親が被害親と子に干渉する機会になることである。

弁護士の長谷川京子は「加害者は支配から利益を得、『強い俺』に陶酔しているので、離別でDVは終わらない。」「面会接触は、加害者に復縁強要、もしくは報復の格好の機会として濫用される。」と言う[注2)]。

Bさんは再婚しているため、親子への加害親の攻撃からは守られている。しかし、シングルマザーのケースでは執拗な干渉が見られることがある。養育方針についてことさらにクレームをつけ、母親失格の烙印を押し、改めて親権を争うことをほのめかしさえする。離婚後も支配関係は続いており、被害親の大きなストレスとなっていることは珍しくない。面会交流が続く限り支配から逃れることができないという印象がある。

これらの問題を踏まえるなら、DVのケースでは被害親と子に及ぼす影響を考えて面会交流の是非を個別に判断すべきであろう。

しかし実際にはそうなっていない。まず裁判所は「面会交流は子の健全育成に有益なもの」という面会交流原則実施論を取る。その例外として子の利益にならない「特段の事情」として、DVなどによる子への悪影響を挙げているが、実際にこれらの事情が認められることは少ない。長谷川によると、裁判所は「面会を制限しなければならないほどの例外事由としてのDVが存在したという事実を、監護親の主張立証責任にしている。それで監護親がDVの事実を訴えても、客観的証拠がないとか、身体的暴力が軽度だとか、頻繁でないなどと過小評価したうえ、面会交流を制限すべきDVが認められないとして、面会を命じている。」[注3)] 精神的暴力・性的暴力・経済的暴力などが過小評価されている上、これらは被害親からは立証困難なのだ。

5 ケース続き―― 面会交流

裁判所が面会交流を命じた後、加害親からC君に手紙が来た。しかしC君は読むのを拒否し、そのまま面会交流の日を迎えた。

面会場所には母と義父、弁護士に加えて面会交流支援団体のメンバーが同行した。

C君は父親と会う前に泣き出したが、支援団体のメンバーに意思を直接伝えるべきだと言われ面会交流が始まった。冒頭でＣ君は何とか小声で「会いたくない」と言ったが、加害親は「分かっている」と言った上で一方的に喋り続けた。

面会を終えたＣ君は会いたくない意思を伝えたので二度と会わなくてよいと思ったが、そうではなかった。拒否の意思表示が不明瞭だったので改めてはっきり伝えることが必要、と弁護士は判断し、伝えるための練習をするように求めた。

私はＢさんとＣ君にとって二次被害にならないかと恐れた。実際、この練習を傍らで見ていたＢさんは体調を崩した。

練習の成果なのかどうか、次の面会交流でＣ君は「もう会いたくないです。帰ってもいいですか」とはっきり言った。相手が黙っているのでＣ君は席を立った。Ｃ君はそのまま走って逃げたが、支援者が追いかけて後ろから捕まえた。支援団体はミッションとして「子どもが安心して安全に面会交流が行われるようサポートする」と掲げているのでこの行動に私は疑問を持った。これを最後に現在まで面会交流は行われていない。Ｃ君の意思が尊重されたからではない。加害親が新型コロナウイルスを恐れて面会交流をキャンセルしているからだ。加害親が求めればＣ君は面会交流に行かなければならない。Ｃ君は言葉と行動ではっきりと拒否したので面会交流はないと思っているらしい。Ｂさんは「いつまで続くのだろう、という気持ちがいつもどこかにある。」と言う。

6　聞かれない子どもの声

子どもの意思はこれほどまでに無視されるのか、この間ＢさんとＣ君の主治医として関わった私は驚きと怒りを感じる。

面会交流は子どものためになると裁判所は考えている。支援団体も同じだ。しかし一概に言えるのか。子が加害親を拒んでいてもそうなのか。そもそも子どもは自分が関係を持ちたくない相手を拒むことはできないのだろうか。Ｂさんは裁判所の命令がある以上、面会交流を止めることはできない。加害親は子の意思表示を無視しているし、子どもの側に立つはずの弁護士や支援者は意思表示を不十分だとしてさらなる要求をする。

子どもの権利条約第12条には「締約国は、自己の意見を形成する能力のある児童がその児童に影響を及ぼすすべての事項について自由に自己の意見を表明する権利を確保する。」とある。

裁判所をはじめ大人たちはＣ君の意見を考慮したと言えるだろうか。そうは思えない。大人たちが子どものために行動していたとしても、子どもの意見を尊重しないのであれば、子ども差別である。私はそう考える。

7 子どもの声を聞く

ではどうすればＣ君の意見は尊重されるのか。鍵となるのはアドボカシーだろう。

堀正嗣によれば、アドボカシーとは「権利を侵害されている当事者のために声を上げること」であり、イギリスなどでは子どもアドボカシーは「子どものマイクになること」「子どもの声を運ぶこと」「子どもの声を持ち上げること」と説明されているという[注4)]。

子どもアドボカシーは子どものいるところではどこでも必要とされている。日本でもすでに児童養護施設などにアドボケートが入り、子どもの処遇改善に寄与している。2020年には全国組織として子どもアドボカシー研究会が設立された。今後、一時保護所や学校、里親のもとで暮らす子どもなどに子どもアドボカシーは広がって行くだろう。

私はそこにＣ君のような子どもを加えたい。そして私自身、子どもの声を聴き、子どものために動く大人でありたい。

そのために私は医師としてDV被害者親子に関わり続ける。そして市民として子どもアドボカシーがこの社会に定着するために活動していくつもりだ。

注１）Elisabeth Young-Bruehl "Childism"（2012）
注２）長谷川京子「安全は最優先の子どもの利益」（梶村太市、長谷川京子、吉田容子『離婚後の子どもをどう守るか』2020）
注３）同上
注４）堀正嗣「アドボカシーとは何ですか？」（栄留里美・鳥海直美・堀正嗣・吉池毅志『アドボカシーってなに？』解放出版社、2021）

本章は、山田嘉則「離婚後面会交流に子どもの声を」（『精神看護』2021年７月号、医学書院、pp.370-373）を著者、出版社の許可を得て転載したものである。

終章

子どもを守る面会交流へ

熊上　崇

本書を読んでいただき、ありがとうございます。読者の皆さんはどのように感じられたでしょうか。

今まで聞くことのできなかった、家庭裁判所の面会交流の調停の利用者の声や、子どもの声を聴くことができたという感想もあるでしょう。確かに家庭裁判所の調停は非公開ですので、そこでどのようなことが行われているのか、なかなか知ることができません。家庭裁判所の裁判官や調査官、調停委員の皆さんも、それぞれ子どもの幸せのため熱心に業務をしています。そのことは長年家庭裁判所で仕事をしていた筆者（熊上）はよく理解しております。しかし、家庭裁判所の職員は、当事者がどのように感じているかということを聞く機会がありません。ですから、家庭裁判所の職員や調停委員の方々や、面会交流、子どもの心理・福祉に関わる皆さんにも、ぜひ本書を読んでいただき、利用者はこのような思いをしていたのかと、理解するきっかけにしていただければと思っています。

また、読後の感想として「同居親と子どもの声ばかりで、別居親の声がない、これは不公平だ」と感じる方もいるでしょう。これについては、本書の特徴だと思っていただければと思います。別居親の方々の意見はたびたび新聞やテレビニュースで取り上げられていますが、本書に紹介した同居親や子どもの体験談は、これまでほとんど新聞記事やテレビニュースに出ることはありませんでした。

なぜならば、家庭裁判所の調停を利用している同居親や子どもの中には日頃から DA に直面し、やむにやまれず住所を秘匿して別居したりしているケースも多くあるからです。このように、同居親や子どもの声は、発せられにくいという社会構造にも理解を示していただければと思います。その意味で、本書は同居親と子どもの立場にたった片面的な側面も強いですが、かれらの声が社会に届きにくかったという事情もふまえていただければ幸いです。

また、本書では、国内外の家庭裁判所の面会交流に関する法制度や歴史的経緯に関する法学者の講演録も記載されています。第２章の小川教授、石堂教授の講演録にもありますように、欧米諸国ではこうした別居親による運動により法制度が改正され、その結果として子どもの意思に反しても面会交流が実施され、子どもが犠牲になる事件が続発しました。これらの反省から、欧米諸国では近年では家庭裁判所は親の権利よりも子どもの安全を重視すべきとの法改正もなされています。また、本書でたびたび取り上げられているイギリス司法省報告（2020a）、イギリス司法省文献レビュー（2020b）により、家庭裁判所のプロ・コンタクト・カルチャー（いわゆる面会交流原則実施論）を改善することの必要性も報告されています。こうした欧米諸国では、家庭裁判所を利用した同居親や、当事者である子どもの声についても、家庭裁判所と家庭裁判所への助言機関（イギリスではCafcass）、DV被害者の支援団体が共同で調査研究を行っていることも興味深いです。日本でも、家庭裁判所と専門家と当事者が調査研究を行い、面会交流に関する追跡調査や問題点の分析が行われることが求められてます。

なお、直近ではWomen's Aid（2022）が、イギリス司法省報告（2020）から２年たったあとも、まだ家庭裁判所にプロ・コンタクト・カルチャーが残され、子どもの安全が十分でないとの指摘しています。こうした家庭裁判所問題に関する国内外の歴史的な経緯もぜひ家庭裁判所の関係者や、子どもの心理・福祉関係者に知っていただきたいことです。

面会交流とは、実は「家庭裁判所」ケースを巡る問題でもあります。なぜならば、家庭裁判所を通さずに父母が協議に基づき面会交流をしているのであれば、子どもの心身に特段に問題を生じることは少ないでしょう。一方で父母で協議ができない家庭裁判所のケースでは、調停や審判で決定すると強制力が伴うため、子どもはその意思に関わらず面会を強いられるという面があるからです。

家庭裁判所は戦後、「家庭に平和を　少年に希望を」をモットーに設立され、子どもたちの声を聴き、保護することに力を入れてきました。少年事件では、犯した罪を罰するのではなく、虐待的環境やDVなどの家庭環境下で、養育費の支払いもないまま同居親（多くは母親）が昼夜働かざるを得ず、その結果、寂しい思いをしている少年たちの声に耳を傾け、教育的な働きかけを行ってきました。家事事件においても、司法機関として調停や審判にあたっては公平性を重視しつつ、その中で子どもの健やかな育ちのために、温かい視線を送らなければなりません。しかし、面会交流に関しては、同居親の調査結果（本書第５章）からも同居親の方に負担を強いている状況も見られています。シングルマザーサポート団体全国協議会が2022年６月から７月にひとり親の会員2,524人へのインターネット調査（法制審議会家族法制部会第18回、20回の参考資料18）の回答および赤石委員提出資料によると、家庭裁判所の調停で面会交流について、「何を言っても面会交流はすることになっていると押し切られた」が30％、「DVを主張しても『子どもには（DVが）なかった』と面会交流をするように言われた」と回答した人は23％でした。他方、「話をよく聞いてもらって結論にも反映された」は36％でした。また、家庭裁判所調査官の調査を経験した281人について、45％が「十分に調査された」と回答する一方で、26％が「不本意な方向に誘導された」、17％が「子どもに悪い影響を与えた」という結果が報告されていました。

子どもの権利条約は4つの基本原則があります。第1に命を守られ成長できること、第2に、子どもの最善の利益、第3に子どもが意見を表明し、参加できること、第4に差別の禁止です。面会交流に関しては、子どもの権利条約第9条に親と引き離されないことや、定期的な接触を維持する権利を尊重すると記載されていますが、この文言の前には「児童の最善の利益に反する場合を除くほか」とあることに留意しなければなりません。そして子どもの権利条約の4つの原則に照らしつつ、子どもは司法手続きの中で自分の意見を表明し、それを尊重される権利があります（子どもの権利条約、1条、12条）。

本書第1章でも紹介した海外の研究でも、子どもは面会交流などの家庭裁判所の手続きの中で、決定権を求めているわけではないが、子どもの意見を聞いてほしい、尊重してほしい、という思いがあり、それが叶えられると子どもはエンパワメントされるといわれています。このような海外の調査研究や法制度の変遷にも目を配らなくてはいけません。

子どもが別居親に「会いたい」にせよ「会いたくない」にせよ、その意見を聞いて尊重してくれることで、子どもは親や社会への信頼感を育てることができます。逆に自分の意見が聞かれても尊重されない、もしくは意見が聞かれないことについては、子どもは無力感を抱きます。

ですから、家庭裁判所の関係者や、子どもの心理・福祉に携わる皆さんをはじめとする読者の方々には、ぜひ本書の中の同居親や子どもの声に耳を傾けていただき、面会交流に関する法制度の変遷などの歴史的経緯を踏まえ、子どもが健やかに育つ権利という視点を持っていただきたいと願っています。

そして筆者（熊上）は、家庭裁判所における面会交流については、いわゆる「ニュートラル・フラット」（細矢、村井、髙場ら、2020）な視点に立ちながらも、「原則として」子どもの意思を尊重することが望ましいと考えます。子どもがまだ意見を表明できない乳幼児の場合は、乳幼児精神保健学の知見（渡辺、2015）からも明らかなように、乳幼児は現在の監護親との愛着関係や基本的信頼感の醸成が成長にとって何より必要ですので、監護親との安心できる環境を維持し、子どもの安心・安全を何よりも尊重し、不安定な状況にさらさないことを「原則」とすることが望ましいのではないでしょうか。そのうえで、子どもたちが親だけでなく、父母の紛争の狭間で悩む中で相談でき、ひたすら子どもの立場に添う支援体制、例えば子どもの代理人を公的予算でつけることや、児童精神医学や児童心理の専門家による相談体制などを整えることが急務と思われます。

最後に、本書でたびたび登場するウォーラースタイン博士の言葉を読者に捧げます。

> 「裁判所は、様々な手段で子どもたちの人生を楽にしてあげることができる。裁判所の集まりに出席した私は、子どもたちを取り囲む沈黙に驚いた。親の希望を伝えるためには弁護士がいるが、子どもの代弁をする者は誰もいないのだ。彼らには何の発言権もない」（Wallerstain、Lewis、2000、早野訳（2001）、p.436）

> 「私の念頭には特に重要な読者層がいる。本書は、判事、弁護士、調停人、精神科医など、法廷で家庭問題関連の仕事をしている人々にも読んでいただきたい。あなた方は皆、子どもを守ることを義務づけているにも関わらず、両親を優先させてしまっている法制度のジレンマに陥っているはずだ。ぜひ、この法制度の下で育った若者たちの声に耳を傾けて欲しい。あなた方の中で、協定後に子どもたちがどうなったのかを把握している人はほとんどいないはずだ。これは、そうした声を聴くチャンスだ」（Wallerstein，Lewis & Blakeslee 2000，邦訳：早野，2001，p.47）

家庭裁判所は子どもの声を聴くことができるはずです。そして、家庭裁判所が子どもを守る楯になることを願っています。

文献

法務省　法制審議会家族法制部会第18回会議（令和４年７月19日）「参考資料18」
http://www.moj.go.jp/shingi1/shingi04900001_00145.html

法務省　法制審議会家族法制部会第20回会議（令和４年11月15日）「赤石委員提出資料　家庭裁判所の子の監護に関する手続きを経験した人への調査結果並びに家庭裁判所への要望」
https://www.moj.go.jp/content/001383775.pdf

東京家庭裁判所面会交流プロジェクトチーム（2020）「東京家庭裁判所における面会交流調停事件の運営方針の確認及び新たな運営モデルについて」『家庭の法と裁判』26、129-136.

UK Ministry of Juntice. (2020a) *Assessing risk of harm to children and parents in private law.*
https://www.gov.uk/government/consultations/assessing-risk-of-harm-to-children-and-parents-in-private-law-children-cases

UK Ministry of Juntice (2020b) *Domestic abuse and private law children cases.* A literature review. https://assets.publishing.service.gov.uk/government/uploads/system/uploads/attachment_data/file/895175/domestic-abuse-private-law-children-cases-literature-review.pdf

Wallerstein, J. S., Lewis, J. M., & Blakeslee, S. (2000). *The Unexpected Legacy of Divorce: A 25 Year Landmark Study.* New York: Hyperion Books.（ウォラースタイン，J. S.・ルイス，J. M.・ブラッスリーS.（著）早野依子（訳）(2001)『それでも僕らは生きていく――離婚・親の愛を失った25年間の軌跡」PHP研究所）

渡辺久子（2015）「子どもの本音、声を歪めない面会交流とは？――乳幼児精神保健学からの警鐘」（梶村太市・長谷川京子（編著）(2015)『子ども中心の面会交流――こころの発達臨床・裁判実務・法学研究・面会支援の領域から考える』日本加除出版、pp.24-42）

Women's Aid (2022) *Two years, too long: Mapping action on the Harm Panel's findings.* https://www.womensaid.org.uk/wp-content/uploads/2022/06/Two-Years-Too-Long-2022.pdf

謝辞：当事者の手記、アンケート結果を寄せていただき共に学び議論した「あんしん・あんぜんに暮らしたい親子の会」の皆様に心より感謝いたします。

おわりに

離婚や面会交流の調停において、「離婚しても親は親」「両親に愛されることが子どもの健全な発育に寄与する」という言葉を聞くことがあります。「離婚・別居後において、子どもと別居親は面会交流を行った方が良い」という考えに基づくものです。一見すると素晴らしい理念にみえますが、裁判所に持ち込まれる事件は、それが当てはまるものばかりではありません。その言葉が、ＤＶの被害者に対して向けられたときには、一見すると素晴らしい言葉であるがゆえに、ＤＶ被害者の被害申告が「わがまま」であるかのように軽んじられます。

ＤＶがあっても子どものために我慢してきた人たちが、これ以上一緒に暮らしていたら子どものためにならないのではないかと考えて離婚に踏み切り、司法の場で、子どものために面会交流を受け入れよと言われる。子どもが拒否していても、監護親の影響を受けていると責められる。面会交流の回数や時間は多ければ多いほど良いとされ、面会交流の拡充の申立てが繰り返される。なんとか頑張って応じようとしても、面会交流を支援する社会資源は乏しい。強制された面会交流の結果、さらに親子関係が悪化するケースも少なくありません。

離婚後の親子の関わりがどうあるべきかについては、家族のメンバーによっても、子どもの年齢やタイミングによっても異なります。別居後・離婚後の面会交流は子どもの健全な成長に資するという理念を掲げてそれに近づけようとすれば、それに不都合な事実を見落とします。そして、その理念に基づく交流を強制したときに最も影響を受けるのは、ＤＶ被害者や子どもです。

本書は、家庭裁判所の面会交流の運営が、本来のあるべき姿から乖離し、ＤＶ被害者や子どもの意思が尊重されない状態となることに警鐘を鳴らすものですが、それとともに、家庭裁判所が、子どもの安全を第一に考え、子どもが健やかに成長するための最善の方法について、温かいまなざしで知恵を寄せ合う機関であることに期待をするものでもあります。

本書は、熊上崇先生と当事者の方々とともに、何回もの勉強会を重ねてできあがりました。お忙しい中、勉強会の講師をお引き受けしていただき、本書のために論考を寄せていただいた小川富之先生、石堂典秀先生、山田嘉則先生に感謝いたします。また、つらいことを思い出し、恐怖感を乗り越えて、体験談を寄せていただいた当事者の方々、本当にありがとうございます。

そして、貴重な機会を与えてくださった明石書店の大江道雅様、熱意をもって取り組んでくださった編集担当の清水祐子様、清水聰様にも、心より感謝申し上げます。

本書が、この本をお読みになった皆様の意識を変え、子どもの養育にとって望ましい面会交流のあり方について見つめ直すものとなることを祈っています。

2022年11月７日

岡村 晴美

【執筆者紹介】

編著者

熊上　崇（くまがみ・たかし）（和光大学現代人間学部教授）はじめに、第1章、第6章、終章
和光大学現代人間学部心理教育学科教授、筑波大学大学院人間総合科学研究科博士課程修了、博士（リハビリテーション科学）。元・家庭裁判所調査官。著書に「発達障害のある触法少年の心理・発達アセスメント」（単著、2015、明石書店）、「ケースで学ぶ司法犯罪心理学」（単著、2020、明石書店）、「心理検査のフィードバック」（編著、2022、図書文化）等。

岡村晴美（おかむら・はるみ）（弁護士、名古屋南部法律事務所）第3章、あとがき、第5章監修
名古屋大学法学部卒。2007年1月に弁護士登録。いじめやハラスメントに関する事件のほか、DV、ストーカー、性被害事件など、女性の権利擁護に関する事件を中心に取り組む。弁護士法人名古屋南部法律事務所（愛知県弁護士会）所属。

分担執筆

小川富之（おがわ・とみゆき）第2章1節
大阪経済法科大学教授。民法・家族法。著書として「離別後の親子関係を問い直す——子どもの福祉と家事実務の架け橋をめざして」（共編、法律文化社、2016）、「欧米先進諸国における『子の最善の利益』の変遷」（梶村太市・長谷川京子・吉田容子編著「離婚後の子どもをどう守るか」所収、日本評論社、2020）など多数。社会活動として、ローエイシア・家族法部会会長（LAWASIA：The Law Association for Asia and the Pacific Family Law and Family Rights Section）、AFCC（国際家庭裁判所調停裁判所協会・Association of Family and Conciliation Courts）執行理事・編集委員。世界会議「家族法と子どもの人権」（The World Congress on Family Law and the Rights of Children）執行部・プログラム委員・国際顧問等を歴任。

石堂典秀（いしどう・のりひで）第２章２節
中京大学スポーツ科学部教授。民法、スポーツ法、スポーツ政策を専門とする。主な著書・論文として「オーストラリア家族法における新たな展開―― 2006年家族法改正法をめぐる論議を中心として」（共著、成文堂、2008）、「裁判所侮辱と面接交渉」（『法社会学 65 号』2006）、「面接交渉の『強制』に関する諸問題」（『中京法学』40 巻、2006）、他多数。

山田嘉則（やまだ・よしのり）第７章
クリニックちえのわ、医師。

あんしん・あんぜん親子の会
第４章　アンケートの実施および集計　ならびに　第５章　家庭裁判所の面会交流調停を経験した同居親の体験談

イラスト：大江戸斬子（ペンネーム、いくらの会）

面会交流と共同親権
当事者の声と海外の法制度

2023年1月31日　初版第1刷発行

編著者　熊　上　　　崇
　　　　岡　村　晴　美
発行者　大　江　道　雅
発行所　株式会社 明石書店
〒101-0021　東京都千代田区外神田 6-9-5
電　話　03（5818）1171
ＦＡＸ　03（5818）1174
振　替　　00100-7-24505
http://www.akashi.co.jp

装　　丁　　明石書店デザイン室
印刷／製本　　モリモト印刷株式会社

（定価はカバーに表示してあります）　ISBN978-4-7503-5520-7